Andreas Quednau

RAPIDO

CorelDRAW! 2.0

Microsoft®
Windows™ 3

EDITIONS MICRO APPLICATION

Auteur Andreas QUEDNAU

Traducteur Georges Louis KOCHER

ISBN : 2-86899-502-0

Collection dirigée par Philippe Olivier
Edition réalisée par Frédérique Beaudonnet

sommaire

Préface

RAPIDO ?... Pourquoi ?

Lorsque nous abordons la rédaction d'un nouvel ouvrage, notre premier travail d'auteurs spécialisés consiste à bien définir sa cible, son type de lecteur. Quelles connaissances devra-t-il posséder ? S'il s'agit d'une méthode d'apprentissage à l'intention d'un lecteur néophyte, quel niveau d'informations devrons-nous lui communiquer, sans pour autant le noyer sous une masse de renseignements de second ordre ?

Au fil des années, notre expérience des micro-ordinateurs et des logiciels applicatifs s'est accrue. Celle de nos lecteurs aussi. Jusqu'au jour où nous nous sommes posé une question fondamentale : quelle serait la méthode d'apprentissage idéale pour un utilisateur courant ?

Plusieurs constatations ont motivé nos réflexions. Les utilisateurs quotidiens sont fréquemment amenés à travailler avec plusieurs logiciels, même de manière occasionnelle. En conséquence, ils ne souhaitent qu'une chose : aller droit au but lors d'une initiation, en évitant la consultation d'un ouvrage trop volumineux. D'autre part, ils peuvent très bien maîtriser un produit similaire à celui qu'ils vont étudier, et donc ne pas avoir besoin d'un ouvrage d'initiation extrêmement progressif. Autre cas de figure : le passage rapide d'une version à une autre pour un même logiciel. Dans ce cas, l'on ne souhaitera découvrir que les différences entre les deux produits sans s'éterniser autour des fonctions qui leur sont communes.

Face à ces réflexions, nous avons longuement recherché la méthode pouvant coller au mieux à de tels desiderata, et tout naturellement, nous en sommes arrivés au concept "Rapido".

Tous les arguments cités plus haut vont dans le sens d'une initiation rapide et efficace. Il était donc tout naturel que nous recherchions, avec cette nouvelle collection d'ouvrages, à satisfaire des besoins de ce type.

Comment ?

Puisque la pratique quotidienne représente une bien meilleure approche que de longs développements verbeux, nous avons condensé la théorie au minimum indispensable, afin qu'elle ne devienne pas un fardeau.

Comme il est fréquent d'oublier une information peu de temps après l'avoir acquise, nous avons prévu des résumés pratiques, à la façon d'organigrammes, permettant de synthétiser toutes les opérations concrètes au sein d'un chapitre particulier. Cette présentation nous semble idéale pour s'y référer par la suite, mais aussi pour ceux qui préfèrent passer immédiatement aux actes avant d'avoir lu quoi que ce soit.

Voilà, nous espérons pouvoir vous faire découvrir parfaitement CorelDraw, et ce de la manière la plus concise, la plus simple, en un mot, la plus efficace.

Notre seul souhait est que cette méthode vous donne entière satisfaction. Qu'y-a-t-il en effet de plus précieux que le temps gagné ?

L'auteur

1. La première fois

Faciliter votre initiation ou votre passage à CorelDRAW 2.0, tel est le but de cet ouvrage. Certes, il ne saurait être question d'exposer l'ensemble du logiciel dans ce Rapido. Néanmoins, vous allez pouvoir accéder aux principales possibilités et méthodes de travail, ceci à travers les exemples présentés.

1.1. Installation

Pour installer correctement CorelDRAW, il faut au préalable avoir complètement installé Windows 3. Ceci suppose une paramétrage optimal de la mémoire (étendue et paginée). Pour plus de détails sur l'installation de Windows, reportez-vous aux manuels livrés avec ce dernier.

Configuration nécessaire

Pour ce qui concerne les travaux de faible ou moyenne importance, CorelDRAW n'exige pas grand chose de votre ordinateur. Un simple AT avec une fréquence de 12 Mhz suffit amplement. Si Windows tourne sans problème sur la machine, CorelDRAW normalement ne devrait pas avoir de difficultés. Les exigences du logiciel croissent avec la complexité des dessins. Essayez de charger un des excellents graphiques-exemple avec des détails très compliqués partiellement ! Vous remarquerez alors les facteurs décisifs que sont d'une part la vitesse de l'ordinateur (20 Mhz sont souhaités), d'autre part sa capacité mémoire (interne comme externe).

Configuration confortable

Il est recommandé d'avoir un ordinateur tournant à plus de 20 Mhz avec une mémoire d'au moins 2 Mo et un disque dur d'une capacité minimale de 40 Mo. Le disque dur d'ailleurs devrait posséder une capacité encore plus grande. Sinon, il vous faudrait enlever du disque chaque graphique, sitôt créé, pour laisser la place à un autre programme.

Souris

Souris indispensable

Sous Windows on pouvait jusqu'alors, à la rigueur, renoncer à la souris ou à la tablette à digitaliser et s'aider du clavier, même si c'est inconfortable. Désormais, CorelDRAW exige un système de pointage. S'il faut cliquer sur un bouton de souris, il s'agit en général du bouton gauche. Le bouton droit n'est que très rarement utilisé.

Moniteur

VGA recommandé

CorelDRAW supporte tous les standards graphiques sous MS-Windows. Cependant, son utilisation requiert au minimum une carte EGA (résolution de 640x350) ou VGA (résolution de 640x480). Une carte Hercules amoindrirait les possibilités graphiques non seulement de CorelDRAW, mais aussi de toutes les applications Windows 3. La résolution CGA n'est pas reconnue par CorelDRAW.

Imprimante

Toutes imprimantes

CorelDRAW autorise l'impression sur toute imprimante dont le pilote a été déclaré dans Windows. Le programme fonctionne indépendamment de la résolution. Ce qui signifie qu'il reconnaît la résolution de l'imprimante utilisée. Il va de soi que meilleure est l'imprimante, plus haute sera la résolution à l'impression.

Imprimantes Laser de préférence

Les imprimantes laser, de par leur bonne résolution (300 à 400 lignes par pouce) et leur encrage homogène, sont particulièrement adaptées. La baisse des prix les rend peu à peu accessibles au simple particulier.

Il est vrai qu'une imprimante à 24 aiguilles travaille en 360 dpi. Mais la relative épaisseur des aiguilles diminue la qualité de la résolution. En outre, dans le cas d'un dessin avec des surfaces noires, une imprimante matricielle produit un effet de "papier en vague". Ce genre d'imprimante n'est donc vraiment recommandé que pour des épreuves.

PostScript

La solution professionnelle s'appelle PostScript. Le langage de programmation de la société Adobe ne fait rien d'autre que de décrire textes et graphiques avec leurs formes, propriétés, dimensions et positions.

Un périphérique de sortie traduit (interprète) un programme PostScript et imprime une page complète d'après les instructions. Ce langage de description de page est indépendant du périphérique. En clair, un programme est portable sur tout périphérique PostScript, lequel convertit les objets dans sa résolution maximale. Les imprimantes laser utilisent là aussi 300 à 400 dpi, les photocomposeuses montent jusqu'à 2450.

Photocomposeuse

Pour réaliser un document véritablement professionnel, par exemple pour un tirage en imprimerie, une sortie sur photocomposeuse est recommandée. Le graphique est imprimé dans un fichier (lequel alors est un programme PostScript), et ce fichier est expédié sur disquette au service de photocomposition.

En retour, on reçoit un film avec une police brillante, sans points dans les trames et sans escaliers dans les lignes obliques.

Différence entre impression matricielle et photocomposition

Occupation disque

CorelDRAW requiert :

6,5 Mo	fichiers programme (CorelDRAW, CorelTRACE, MOSAIC et WFNBOSS), pilotes, filtres d'import/export, polices et modèles
2 Mo	fichiers d'exemples
1 Mo	fichiers de symboles
9 Mo	bibliothèque ClipArt

Procédure d'installation

Installation pilotée par menu

Le processus est entièrement piloté par menus. Vous ne pouvez pas vous tromper, pourvu que vous preniez la peine de lire les écrans d'aide, avant de presser la touche [Entrée]. Vous pouvez démarrer l'installation de deux façons différentes :

- sous DOS, lancez le programme INSTALL.BAT depuis le lecteur contenant la première disquette de CorelDRAW.
- sous Windows, basculez via le gestionnaire de programmes vers l'unité qui contient la première disquette de CorelDRAW, et démarrez le programme WINSTALL.EXE.

Apparaît un écran de bienvenue. Vous êtes ensuite invité à entrer le chemin complet du répertoire dans lequel sera installé CorelDRAW, ainsi que le lecteur contenant la disquette source. Des options par défaut sont proposées. Vous n'avez plus qu'à les confirmer, même si aucun des répertoires proposés n'existe.

Suit une fenêtre dans laquelle vous devez décider d'installer ou non, outre les fichiers programmes, les fichiers de symboles et de modèles. Si vous disposez de suffisamment de place sur votre disque dur, copiez les modèles - cela en vaut la peine.

Après quoi, le programme d'installation copie, décompacte et installe CorelDRAW automatiquement. Tout ce que vous avez à faire, c'est d'insérer les disquettes au fur et à mesure.

1.2. Installer ClipArt

Les fichiers ClipArt se trouvent, comprimés et classés par thème, sur les quatre disquettes additionnelles. Vous pourrez par la suite, en fonction de vos besoins, les copier dans un répertoire depuis le DOS.

Installation sur disque dur déconseillée

Il n'est pas raisonnable de copier ces fichiers sur le disque dur, d'autant plus qu'ils requièrent environ 9 Mo. Pour accéder à un des graphiques, consultez le catalogue ClipArt livré avec le programme. Vous y trouverez rapidement ce que vous cherchez, et pourrez extraire n'importe quel graphique directement depuis la disquette. Avec le gestionnaire de fichiers MOSAIC, c'est très facile. Le seul inconvénient, c'est que c'est plutôt long. En effet, les fichiers doivent être examinés afin que les icônes puissent être visualisées. Sur les machines peu rapides, on risque de perdre patience.

1.3. Eléments de base de l'interface utilisateur

C'est d'abord l'écran de travail de CorelDRAW qui est affiché, avec ses éléments standard : la fenêtre avec la barre de titre, la barre de menu, la palette des outils, la fenêtre de dessin avec l'ascenseur et la palette de couleurs.

Barre de titre

Vous la connaissez déjà sous Windows : elle affiche le nom du programme, ainsi que le fichier en cours d'édition. A gauche se trouve la case système. A droite vous pouvez voir les deux flèches qui servent à redimensionner la fenêtre.

Barre de menu

Ici aussi, le principe en est connu. Vous trouverez là toutes les commandes permettant de travailler avec CorelDRAW, classées par thème dans les menus déroulants. Vous ouvrez un menu, soit en cliquant, soit en combinant la touche [Alt] avec la lettre soulignée. Chaque menu contient des commandes directement exécutables, ou d'autres sous-menus. Une entrée de menu en gris indique une option inaccessible.

Outils

Voici le menu le plus utilisé dans CorelDRAW. Son fonctionnement est similaire à celui de la barre de menu. Les entrées de menu sont ici représentées par des symboles, les "icônes". Cliquez sur une des icônes, et l'outil est à votre disposition. Dans certains cas, il s'ouvrira une boîte de dialogue dans laquelle vous entrerez d'importants paramètres.

La *flèche* sert à la sélection des objets et à la modification de la forme géométrique.

Le *chemin*, appelé aussi *noeud*, déforme les rectangles, les cercles et le texte, ainsi que les lignes droites et les courbes.

La *loupe* agrandit et rétrécit progressivement et de diverses manières les portions d'écran.

Le *crayon* sert à dessiner des lignes ou des polygones, des courbes, des lignes brisées ou des courbes fermées.

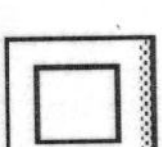

Le *rectangle* dessine une des deux formes les plus courantes.

L'*ellipse* permet de créer la seconde de ces deux formes.

L'*texte* sert à saisir et à façonner les lettres ou les blocs de texte.

Le *contour* sert à modifier à volonté l'épaisseur, la couleur et le style des contours des objets.

Des raffinements tout aussi variés sont autorisés concernant la couleur, la *trame*, le tracé ou le motif des surfaces : ceci grâce à *remplissage*.

Ce livre exposera les principales méthodes de travail avec ces outils.

Les fonctions de l'outil-contours

Cliquez sur l'outil-contours. Vous voyez apparaître un menu avec 24 icônes, dont voici la signification :

Activez cette icône. S'ouvre alors la boîte de dialogue *Outil-contours*. Vous pourrez y modifier l'aspect du contour, ses fins de lignes, ses coins et son épaisseur.

Cliquez sur cette icône pour supprimer le contour de l'objet.

L'icône est munie d'une "épaisseur de cheveux". Cette épaisseur, la plus fine qui soit disponible, est indiquée dans la boîte de dialogue *Outil-contours* sous la rubrique *Largeur* avec la valeur de 0,1 mm ou 0,003 pouce.

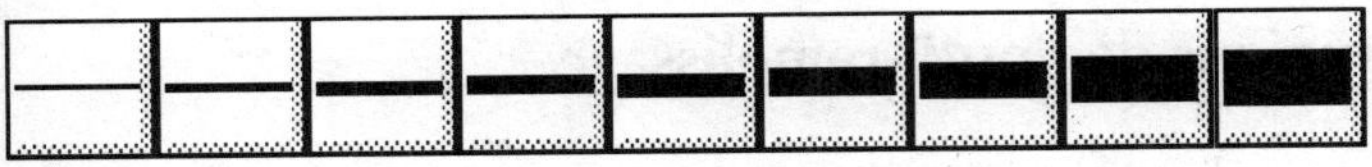

Les neuf icônes qui suivent paramètrent l'épaisseur du trait selon le tableau que voici :

Millimètres	Pouce
0,2	0,008
0,4	0,016
0,7	0,028
1,4	0,055
2,8	0,110
4,2	0,165
5,6	0,220
7,1	0,280
8,5	0,335

Cliquez sur cette icône pour afficher la boîte de dialogue *couleur de contour*. Vous y fixerez très précisément la couleur du contour.

C'est un raccourci pour la couleur blanche...

...et ça, c'est pour le noir.

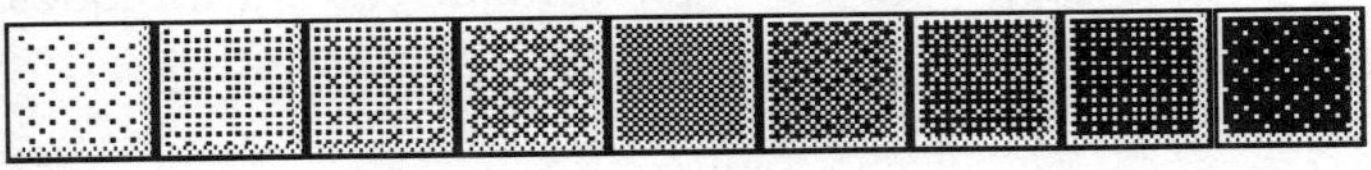

Ces neuf icônes définissent la trame noir et blanc du contour. Etant donné que la plupart des documents sont encore dessinés et imprimés en noir et blanc, il est intéressant d'avoir ce raccourci. Les valeurs sont ordonnées de 10 à 90 pour-cent.

Les fonctions de l'outil-remplissage

Un clic sur l'outil ouvre là aussi, un menu avec 16 icônes cette fois. En voici la signification :

Cette icône ouvre la boîte de dialogue *Surface uniforme*, dans lequel vous pouvez remplir l'objet avec une couleur très précise, entre autres la couleur standard.

Ici, on supprime tout remplissage. L'objet est littéralement transparent.

Là encore, vous disposez d'un raccourci pour le blanc...

...et pour le noir.

Ouvre la boîte de dialogue *Motif de surface BitMap*. Vous y choisirez des motifs dans une bibliothèque de graphiques, produits par des arrangements de carreaux dont la taille et l'espacement sont redéfinissables.

Par opposition à la bibliothèque bitmap, vous disposez de possibilités de remplissage à l'aide de motifs extraits d'une bibliothèque de graphiques vectoriels.

La boîte de dialogue *Dégradé* permet de faire varier les couleurs (ou nuances de gris) de l'objet, ceci entre deux limites très précises que vous indiquerez. Le coloriage peut être radial ou linéaire.

Coloriage radial ou linéaire

Dans la boîte de dialogue *Motifs PostsCript* vous définirez, pour autant que vous disposiez d'un périphérique PostScript, des remplissages à motif unique (à la différence des motifs vectoriels). Pour chacun des 42 types, vous disposez de cinq champs de réglage. Ces motifs n'étant réalisables qu'à l'impression sur des imprimantes PostScript, vous ne pouvez même pas les prévisualiser. A l'écran, ainsi que sur les imprimantes non PostScript, l'objet contient le motif PS.

Quelques motifs bitmap

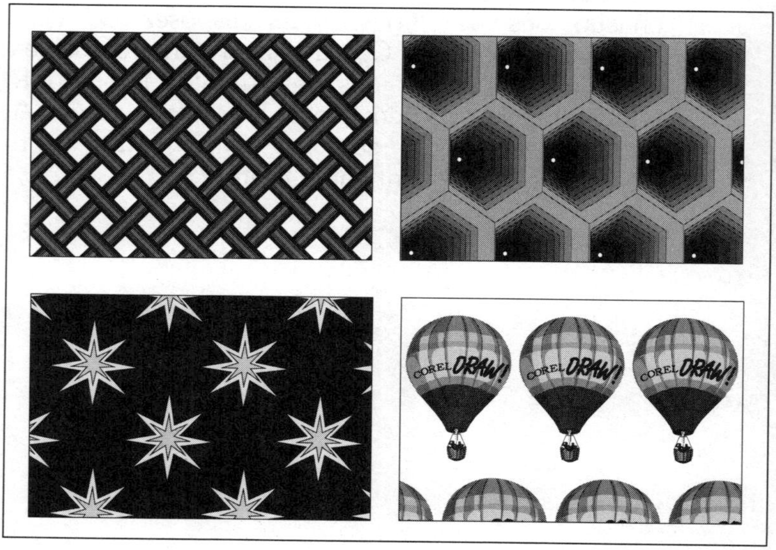

Quelques motifs vectoriels

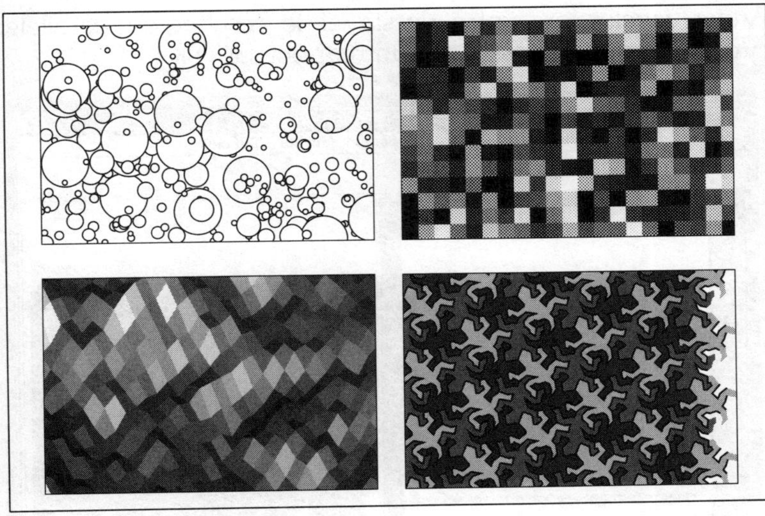

Quelques motifs PostScript

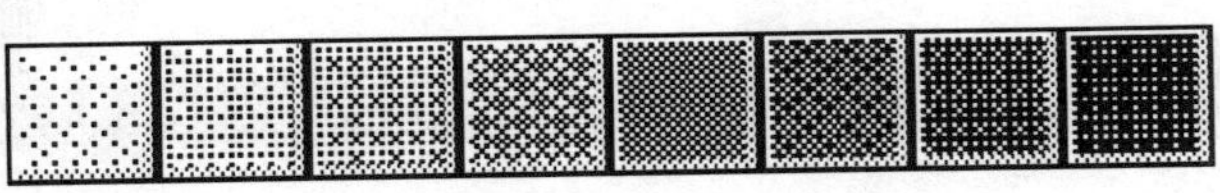

Travailler sur la représentation la plus simple qui soit des objets demande un minimum de temps processeur. C'est donc le mode le plus rapide.

Prévisualisation

Deux possibilités de prévisualisation

La fenêtre de prévisualisation vous montre le résultat de votre travail. Vous pouvez voir tous les attributs, tels que remplissage, contour et couleurs, du morceau sélectionné, dans la limite des possibilités de l'écran et de la carte graphique. Deux formes de prévisualisation sont possibles : d'une part la "normale", affichée dans une fenêtre qui partage l'écran de travail. Cliquez dans le menu *Afficher* sur l'entrée *Visuel*, ou appuyez simultanément sur `Maj` `F9`.

Vous voyez alors votre dessin et le résultat en parallèle. Vous revenez au dessin par un réappui sur `Maj` `F9`.

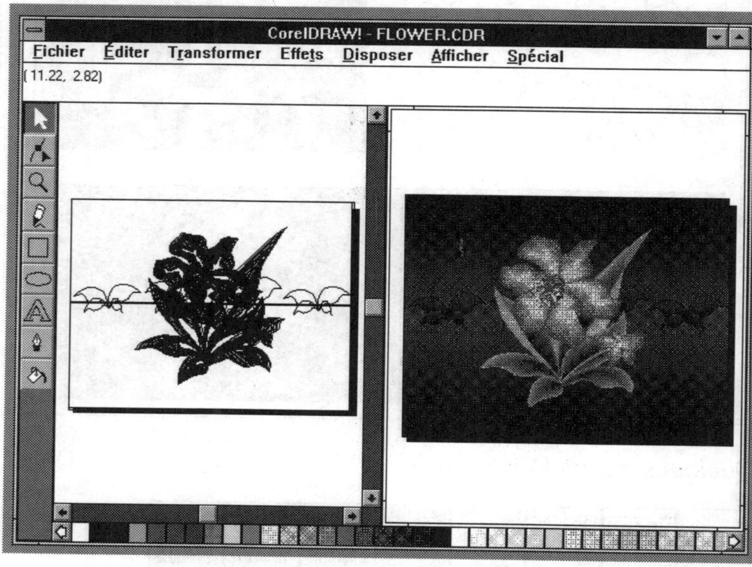

Fenêtre de dessin et fenêtre de prévisualisation.

Dans la seconde méthode, l'écran complet est utilisé pour une représentation la plus proche possible de l'impression. Il faut pour cela dans le menu *Afficher* activer l'option *Visuel plein écran* pleine page, ou bien appuyer sur `F9`. Pour revenir dans l'écran de travail, il suffira d'appuyer sur une touche quelconque.

1.4. Principes fondamentaux du travail avec CorelDRAW

Connaître Windows est indispensable

Il va de soi que vous connaissez les manipulations de base de l'environnement Windows : ouverture/fermeture des fenêtres, sélection des menus et exécution de leurs fonctions, champs de saisie et boîte de dialogue. Prétendre utiliser CorelDRAW sans rien savoir de Windows serait pure folie ! Si tel est votre cas, commencez donc par vous familiariser avec Windows.

Dans cette section, vous allez découvrir quelques fonctionnalités et méthodes de travail importantes pour manipuler CorelDRAW.

La fonction Annuler

La fonction peut-être la plus importante de CorelDRAW, surtout pour les débutants, est la fonction *Annuler* (raccourci-clavier `Alt` `Backspace`). Il arrive assez fréquemment que vous "attrapiez" mal un objet, et le rétrécissiez, par exemple, au lieu de le déplacer. Ou bien vous exécutez la mauvaise commande, et d'un coup l'objet disparaît.

Une seule annulation

Cette fonction, directement accessible comme première entrée du menu *Editer*, annule la dernière opération effectuée. Malheureusement, il faut le souligner, elle n'annule que la dernière. N'oubliez donc pas qu'après une fausse manipulation vous n'avez droit qu'à un seul retour en arrière.

Sélection des objets

Pour sélectionner (activer) un objet, il suffit de cliquer sur son contour. Un objet est activé lorsqu'il est entouré par huit marques situées sur un cadre invisible.

Cliquer au milieu d'un objet ne donne rien, du moins tant qu'une ligne ne s'y trouve pas.

Sélection multiple

Pour sélectionner plusieurs objets, et ainsi les traiter en bloc, il faut maintenir enfoncée la touche `Maj` lorsque vous cliquez sur l'objet suivant. Vous pouvez répéter le processus à volonté. Ce faisant, la barre d'état vous informe en permanence du nombre d'objets sélectionnés.

Si vous souhaitez, en cours de sélection multiple, désélectionner un objet, il suffit de recliquer dessus en conservant l'appui sur `Maj`.

Capture d'objets

Vous pouvez capturer plusieurs objets d'une autre manière : cliquez dans un coin libre, puis dessinez un rectangle en maintenant enfoncé le bouton de souris.

La fonction de capture est bien sûr plus rapide que la méthode consistant à viser le contour de chaque objet. Cependant, elle vous oblige à entourer complètement les objets à sélectionner.

Un seul clic

Si vous cliquez sur un objet sélectionné ou sur un groupe sans appuyer sur `Maj`, vous basculez dans le mode *Rotation* ; les huit symboles de sélection changent d'aspect. Dans ce cas, recliquez sur l'objet ou sur le groupe sans enfoncer la touche `Maj`.

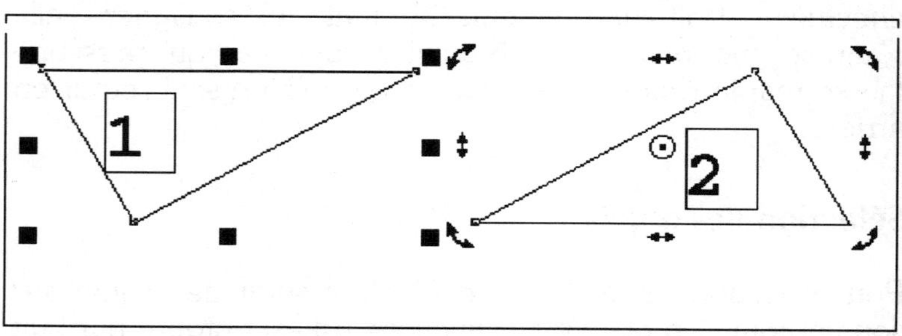

Objet sélectionné (1) et objet sélectionné pour tourner (2)

Sélection des objets	
Objet unique	Clic sur contour.
Plusieurs objets	"Capture" via le dessin d'un cadre avec l'outil-flèche.
Objets éparpillés	Clics successifs avec appui simultané sur [Maj].

Déplacement d'un objet

Dessin pendant le mouvement

Une manière très simple de déplacer un objet consiste à cliquer, comme pour la sélection, sur son contour, à maintenir enfoncé le bouton de souris et à tirer l'objet vers sa nouvelle position. Ceci a pour effet de ne déplacer que le contour devenu visible. Dès que vous vous arrêtez un petit instant, l'objet est redessiné à sa nouvelle position. Vous voyez ainsi l'endroit exact. Dès que vous relâchez le bouton, l'objet est redessiné définitivement.

Gestion de fichiers

L'invasion des fichiers

Vos fichiers-image se multiplient plus vite que vous ne le souhaitez. Par exemple, vous entreprendrez des améliorations sur un graphique réussi, et celles-ci seront stockées dans des fichiers différents. Très rapidement, vous aurez quatre ou cinq graphiques quasiment identiques sur votre disque dur. Au bout de quelques semaines, votre répertoire contiendra une multitude de fichiers. Il vous faudra alors une bonne mémoire pour avoir une idée du contenu de chacun.

Créez des répertoires

Pour éviter un tel désordre, commencez par créer un nouveau sous-répertoire chaque fois que vous voulez réaliser un dessin sur un nouveau sujet. Par exemple, un répertoire nommé ESSAIS ou INIT serait le bienvenu pour stocker les graphiques que vous allez effectuer d'après les exemples de ce livre.

Prévoir dès le début une harmonieuse arborescence de répertoires facilitera grandement votre travail. Pour ce qui concerne la création des répertoires et le stockage des données, lisez le chapitre 1.9.

Copies de sécurité

Lorsque CorelDRAW travaille sur un document, il crée à intervalles réguliers un fichier dont l'extension est .ABK (pour Autobackup). Ce dernier contient toutes les modifications effectuées depuis la précédente sauvegarde. Il sera réeffacé dès que vous indiquerez explicitement à CorelDRAW de sauver le graphique.

Reprise via copie de sécurité

En cas de défaillance de l'ordinateur durant une session de travail, vous avez la possibilité de retravailler à partir de la copie de sécurité que vous renommerez. Il vous suffit dans le menu de sélection de fichiers, à la rubrique *Chemin*, de remplacer l'extension *.CDR par l'extension *.ABK. `Entrée` pour voir apparaître la liste des fichiers de sécurité.

1.5. Paramétrage de CorelDRAW

L'utilisateur a la possibilité d'afficher ou non les nombreux composants servant à manipuler ou à écrire sur l'écran de travail. Il peut ainsi façonner à son gré son interface personnalisée, la plus adaptée à son travail. Par exemple : la barre d'état devrait toujours être affichée de manière à ce que, dès qu'un objet est sélectionné, elle indique la nature de l'objet, sa taille et sa couleur.

Paramétrages système

Fichiers INI spécifiques

Contrairement aux versions précédentes, CorelDRAW ne stocke plus ses paramétrages dans le fichier WIN.INI. Il dispose de ses propres fichiers. L'un d'eux est le fichier CORELDRW.INI. A l'aide d'un éditeur (par exemple le bloc-notes de Windows), on peut effectuer des modifications mineures pour ajuster le fonctionnement du logiciel. Dans la section *[CDrawConfig]* de CORELDRW.INI vous trouverez quelques possibilités de paramétrage, impossibles à effectuer dans le logiciel lui-même.

Taille des images de contrôle

Prévisualisation du contenu du fichier

La fenêtre de dialogue *Ouvrir un dessin*, accessible via *Fichier/Ouvrir*, permet de voir par avance, sous la forme d'un petit graphique, le contenu du document à charger. CorelDRAW à chaque sauvegarde ajoute un petit en-tête graphique au dessin. Cet en-tête est affiché lorsqu'on pointe le fichier. Vous pouvez définir la résolution de ce graphique grâce à la ligne *CDRHeaderResolution=*. Vous avez le choix entre 0=aucun graphique, 1=graphique basse résolution et 2=graphique haute résolution. Evidemment, ces petites images occupent chaque fois un ou deux Ko sur disque. A l'utilisateur d'en tenir compte en cas de manque de place sur le disque dur.

Résolutions des graphiques de fichier

Fichier de Sauvegarde

Fichier BAK

Vous déciderez de la création d'un double de sécurité, lors de chaque sauvegarde, dans la ligne *MakeBackupWhenSave=*. Vous entrerez 1 pour "Création d'un double" ou 0 pour ne pas créer de duplicata de sécurité. Par copie de sécurité, on entend la dernière version du graphique, laquelle est dotée de l'extension .BAK.

Taille des outils et de la palette

Pour grand écran

Dans les lignes *BigToolbox=* et *BigPalette=*, vous fixerez les tailles de la liste des outils et de la palette des couleurs. Si vous y remplacez le zéro par un 1, la taille des icônes est multipliée par deux. Cela est intéressant si vous travaillez sur un moniteur de grande dimension à haute résolution. Les icônes, une fois leur taille doublée, sont plus aisément pointables.

Redessiner les objets durant le déplacement

Position exacte

Lorsqu'en cours de déplacement avec la souris vous vous arrêtez un bref instant, l'objet est redessiné afin de matérialiser la position précise. Dans la ligne *ShowObjectsWhenMoving=*, vous remplacerez la valeur 1 par 0 si vous trouvez que le dessin des objets ou groupes prend trop de temps.

Sauvegarde automatique

Autobackup

Lorsque CorelDRAW travaille sur un document, il crée à intervalles réguliers un fichier dont l'extension est .ABK. Ce dernier contient toutes les modifications effectuées depuis la précédente sauvegarde. Dans la ligne *AutoBackupMins=*, vous pouvez modifier la fréquence des sauvegardes, dans le cas où la valeur actuelle ne convient pas. Avec une valeur nulle, il n'y aura pas de sauvegarde automatique.

Paramétrages individuels dans CORELDRW.INI	
CDRHeaderResolution	Résolution du graphique bitmap d'un fichier 0=aucun graphique, 1=basse résolution, 2=haute résolution.
MakeBackupWhenSave	Création d'un double de sécurité (BAK) 1=duplicata de sécurité, 0=aucun duplicata.
BigToolbox	Taille des icônes-outils 0=normale, 1=double.
Bigpalette	Taille des champs de la palette des couleurs 0=normale, 1=double.
ShowObjectsWhenMoving	Dessin de l'objet en cours de déplacement 1=dessiner, 0=ne pas dessiner.
AutoBackupMins	Fréquence (en minutes) des sauvegardes automatiques.

Les polices de CorelDRAW : les noms exacts des polices

Malgré tout, des polices bien connues

Les polices, comme les logiciels, sont soumises à la législation sur la propriété intellectuelle et ne peuvent être copiées sans autre forme de procès. Pour pouvoir utiliser des polices mondialement connues sans entrer en conflit avec la loi, l'aspect de ces polices a été très légèrement altéré. De plus, les polices ont reçu des noms phonétiquement voisins. Les modifications d'aspect ne sont perceptibles que par un typographe expérimenté.

Si vous avez beaucoup à faire avec les polices et si vous avez du mal à retenir les nouveaux noms, vous pouvez renommer les polices vous-même.

Remettre les noms usuels

Dans la section *[CorelDrwFonts]* sont listées toutes les polices disponibles. Devant les signes d'égalité figurent les noms qui apparaissent dans la fenêtre de choix de polices de CorelDRAW. Remplacez les descriptions par celles données dans le tableau en annexe. Au prochain démarrage de CorelDRAW, il n'y aura plus de "non-concordance". Faites attention à ne pas mettre d'espace dans le nouveau nom.

```
Original : Avalon=15 avalon.wfn 3
Copie :    AvantGarde=15 avalon.wfn 3
```

De manière interne, les polices sont traitées à l'aide des noms PostScript généraux. Ceci ne doit entraîner aucun problème lors de l'impression sur un autre ordinateur avec CorelDRAW correctement installé ou lors du tirage sur une photocomposeuse.

Pour la suite du livre, il sera supposé que vous n'avez pas modifié les noms des polices.

Préférences

Paramétrages plus fréquents

Préférences est le nom d'une entrée du menu *Spécial*. C'est ici qu'en cours de dessin vous réglerez certains paramètres qu'il faut modifier assez fréquemment. Ces derniers concernent la structure de l'écran ainsi que le comportement du programme lors d'opérations bien précises.

Les paramètres les plus importants vont être mentionnés, afin que dans la suite du livre vous n'ayez pas de difficulté de compréhension pour refaire les exemples présentés.

Placer une copie

Régler la position de la copie

Dès que vous dupliquez un objet, la position de la copie est calculée selon une certaine distance par rapport à l'original.

Les rubriques *Horizontal* et *Vertical* servent à régler le positionnement du duplicata. Selon la nature du dessin, une modification de ces valeurs sera d'un grand intérêt : par exemple, quand vous voudrez répéter plusieurs fois une ligne à intervalles réguliers.

Prenez comme valeur horizontale 2, comme valeur verticale -2 millimètres. Si la case derrière les champs de sélection contient une autre unité, choisissez la bonne en cliquant dessus.

Curseur-viseur

Réticule

Le *Curseur viseur* est un moyen efficace pour positionner les objets verticalement et horizontalement. Comme dans un environnement de DAO, vous travaillez avec un réticule au lieu d'un pointeur. Si vous êtes novice, il vaut mieux désactiver cette option.

Page entière et encadrement

Afficher la page

En général, la page est représentée sur la surface de travail. Ne désactivez cette option que si vous créez de grands dessins très raffinés. Sinon, il y a peu de risque que vous soyez gêné par les lignes qui matérialisent la page.

Affichage interruptible

Pas de perte de temps sur l'écran

Après modification d'un objet, CorelDRAW redessine tout ce qui se trouve dessus et dessous. Activez ce point ; la case avant l'option doit être cochée. Ce faisant, vous vous donnez la possibilité d'interrompre le redessin d'un graphique, ce qui peut prendre pas mal de temps suivant la complexité du travail.

Utiliser MOSAIC

Gestionnaire de fichiers

Dans le chapitre 1.7, il est décrit comment le gestionnaire de fichiers MOSAIC vous permet de sélectionner très visuellement les dessins CorelDRAW que vous voudriez retravailler. Activez cette option afin de passer par ce programme à chaque fois que vous aurez à charger un graphique.

Lignes et Courbes...

Dessin à main levée

Sous ce bouton se dissimule un menu. Celui-ci vous permet d'entreprendre des réglages particuliers pour le dessin à main levée ou pour le traçage d'un graphique bitmap. Dans ce menu, le point le plus important est *Mode dessin*. C'est ici que vous déciderez de tracer avec le crayon soit des dessins à main levée, soit des courbes de Bézier. Au début, choisissez le mode *Main levée*.

Imprimer et visualiser

Couleurs d'écran

Ce bouton cache un autre menu. Si CorelDRAW détecte dans le système Windows une carte graphique susceptible de représenter plus de couleurs que les couleurs de trame de Windows, vous pourrez alors sous la rubrique Visuel des couleurs opter pour un affichage plus proche des couleurs d'origine.

Visuel de densité de la trame

La rubrique *Visuel de densité de la trame* sert à fixer le nombre de couleurs ou de nuances de gris d'un coloriage devant être prévisualisé. Plus la valeur est grande, meilleure est la précision de l'affichage, mais au détriment de la vitesse d'exécution. Cela suppose que la technologie de la carte graphique le permet.

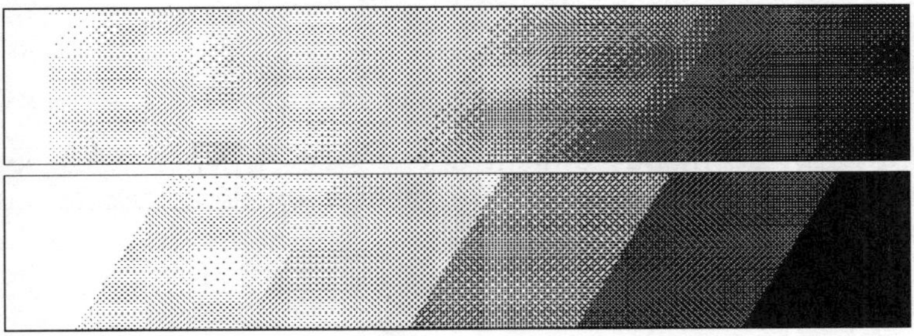

40 et 6 Visuel de densité de la trame en aperçu

Souris

Bouton droit

Vous pouvez ici affecter une fonction au bouton droit normalement inutilisé. C'est à l'utilisateur confirmé de faire son choix.

Mise en page

Le bon format de page

A vrai dire, ce paramètre ne fait pas partie du menu *Spécial/Préférence* de base. Il fait partie des options fondamentales de CorelDRAW. C'est dans l'entrée *Configurer la page...* du menu *Fichier* que vous fixerez le format du support d'impression. Vous avez le choix entre divers formats standard et entre les formats portrait ou paysage. Entrez ici le format utilisé (dans ce livre les sorties se feront sur du format Portrait/A4).

Paramètres d'écran

(Dés)activation des aides

La barre de menu contient une entrée *Afficher*. C'est là, entre autres, que vous pourrez activer ou désactiver tel ou tel outil auxiliaire.

Grille magnétique

Aide au positionnement

Commencez par l'option *Grille magnétique*. Elle est active si un crochet précède le libellé. Ce paramètre a été conçu afin de faciliter le positionnement. Si vous dessinez un objet, les fins de lignes ne se laissent placer que sur les intersections d'une trame invisible. la largeur de la trame est modifiable dans le sous-menu *Précision de la grille...*.

Précision de la grille...

Origine de la grille

Dans *Position zéro* vous pouvez choisir librement l'origine des coordonnées. Cela sert assez souvent pour de grands dessins, lorsque plusieurs morceaux doivent être construits à un endroit bien précis : les règles en effet tiennent compte de ces paramètres. De base, c'est un zéro qui figure dans les deux champs. Ceci a pour conséquence de fixer l'origine dans le coin inférieur gauche de la page.

Pas de la grille

Dans *Linéature de la grille* vous réglerez le pas du déplacement d'un objet lorsque la grille est activée. Entrez une valeur de 1 millimètre pour *Horizontal* et *Vertical*.

Règles

Contrôle de mesure

Cliquez sur la commande *Afficher les règles*. Sont alors affichées à côté de l'écran de travail une règle horizontale et une verticale. Ceci permet de contrôler la dimension des objets et la position du pointeur de souris, chose impossible sinon en cas de fréquents déplacements ou de redimensionnement d'un objet.

Barre d'état

Informations sur les objets

Il est en outre recommandé d'afficher la barre d'état. Elle contient des informations relatives à l'objet sélectionné : nature, taille, motif de remplissage, contour et couleur. De surcroît, la barre d'état vous renseigne en permanence sur la position de la souris et sur l'action en cours d'exécution.

Palette

Sélection rapide des couleurs

Vous pouvez afficher la palette des couleurs sur le bord inférieur de l'écran. Elle sert à choisir très rapidement les couleurs de remplissage des objets, lorsque le dessin n'est qu'une esquisse. Si elle dérange, vous n'avez qu'à la désactiver via la commande adéquate.

Paramètres relatifs aux objets

Attributs des objets

Chaque fois que vous créez des objets de base, qu'il s'agisse de rectangles, de cercles ou de textes, il leur sera affecté des contours et des remplissages prédéfinis. Il vous est possible de modifier ces paramètres. Vous pourrez ainsi par exemple dessiner systématiquement des rectangles sans contour.

Modification des paramètres

Pour modifier les paramètres prédéfinis dans ce livre, mais aussi pour vos travaux ultérieurs, procédez comme suit :

- cliquez avec l'outil-flèche sur un coin libre de la surface de travail, ceci afin de tout désélectionner.
- cliquez par exemple sur l'outil-contour puis sur l'icône *Epaisseur de cheveux*. CorelDRAW vous indique à l'aide d'une boîte de dialogue qu'aucun objet n'est sélectionné.
- il vous demande sur quels types d'objet (*Objets texte*, *Autres objets* ou *Tous les objets*) vont porter les futurs paramétrages.
- cliquez sur *Autres objets*, puis sur OK.

Désormais, tous les objets qui ne sont pas du texte seront dotés d'un contour fin.

Avant de continuer, prenez comme paramètres par défaut ceux du tableau suivant :

Outil	**Paramètre**	**Attribut**	**Objets**
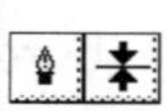	Trait de contour	Epaisseur de cheveux	Autres objets
	Couleur de contour	noir	Autres objets
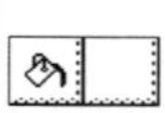	Remplissage	blanc	Autres objets
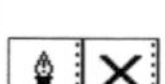	Trait de contour	aucun	Objets texte
	Remplissage	noir	Objets texte

Préférences	
Interruption du dessin	Oui : permet d'inhiber le redessin du graphique.
Limites page	Oui : affichage de la page.
Réticule	Oui en cas de besoin le pointeur est remplacé par un réticule.
Position du double	Horizontal:2, Vertical:-2 pour placer la copie par rapport à l'original.
Lignes Courbes	Mode de dessin = Main levée Pour dessiner à main levée, et non pas des courbes de Bézier.
Imprimer et visualiser	Echelonnement des couleurs Pour optimiser les temps de traitement. 16 par défaut.
Souris	Affectation du bouton droit.

Paramètres d'écran	
Grille magnétique	Oui : pour positionner les objets sur une trame invisible.
Position de la grille	Les deux champs à zéro.
Pas	Horizontal et Vertical à 1 millimètre.
Règles Barre d'état Palette	Oui : pour contrôler les mesures. Oui : pour contrôler les objets. Non pour des dessins noir et blanc.

1.6 Chargement d'un fichier

Il en est toujours ainsi : le tout premier document que l'on ouvre avec un programme nouvellement installé est un fichier-exemple fourni avec le logiciel. Pour autant qu'il y en ait un. C'est ainsi que l'on voit le plus rapidement qu'un programme fait tout, ce qui ne peut que stimuler l'ardeur de l'utilisateur. Il n'en va pas autrement avec les magnifiques graphiques de CorelDRAW.

Question d'habitude

Ouvrir un document est la chose la plus facile qui soit, comme dans toute application Windows : activez le menu *Fichier* en cliquant sur la barre de menu, ou par [Alt] [F]. Prenez l'entrée *Ouvrir*, soit en cliquant, soit en tapant [O]. S'ouvre alors la boîte de dialogue *Ouvrir un dessin*, dans laquelle vous choisirez très convivialement le fichier désiré.

Facilité de recherche

Dans *Chemin* sont indiqués l'unité et le répertoire du dernier fichier manipulé. La liste *Fichiers* affiche tous les fichiers CorelDRAW (extension .CDR) du répertoire en cours. Si le nombre de fichiers dépasse la capacité de la fenêtre, surgissent, comme à l'accoutumée, des ascenseurs. Pour changer de répertoire, soit vous en indiquez un nouveau dans *Chemin*, soit vous cliquez dans la liste *Répertoire*. Un clic sur le bouton *En amont* a le même effet qu'un double clic sur l'entrée "[..]" : on remonte d'un niveau.

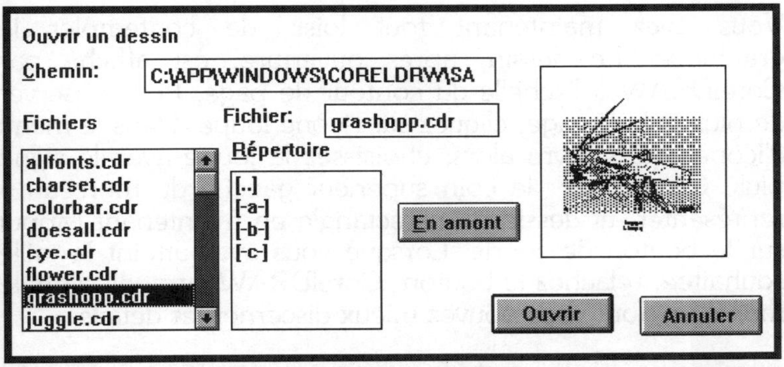

Recherche et ouverture d'un dessin

Descendez dans le sous-répertoire SAMPLES du répertoire de CorelDRAW. Vous y trouverez les graphiques-exemple.

Prévisualisation avant ouverture

Sitôt qu'un fichier est sélectionné dans la colonne *Fichiers*, son contenu est affiché sous la forme d'un graphique bitmap réduit dans le cadre de droite. CorelDRAW, lors de chaque sauvegarde, stocke un en-tête avant le fichier. C'est cet entête qui contient le mini-graphique. Ceci est extrêmement utile lorsque vous recherchez un dessin dont vous connaissez l'aspect mais dont vous avez oublié le nom de fichier. Lorsque le graphique désiré est sélectionné, il suffit de cliquer sur le bouton *Ouvrir*.

Ouverture d'un fichier
Clic sur *Ouvrir* dans le menu *Fichier*.
Examen des unités et répertoires dans la colonne *Répertoire*.
Sélection du fichier dans la colonne *Fichiers*.
Clic sur *Ouvrir*.

Zoom

Vous avez maintenant tout loisir de contempler le graphique. Le dessin, après ouverture, est affiché par CorelDRAW à l'échelle du contour de page. Pour observer de plus près l'image, cliquez sur l'icône loupe. Dans le menu d'icônes qui s'ouvre alors, choisissez la loupe avec le signe plus. Cliquez sur le coin supérieur gauche du morceau à représenter, et dessinez un rectangle en maintenant l'appui sur le bouton de souris. Lorsque vous avez atteint la taille souhaitée, relâchez le bouton. CorelDRAW agrandit alors le morceau, dont vous pouvez mieux discerner les détails.

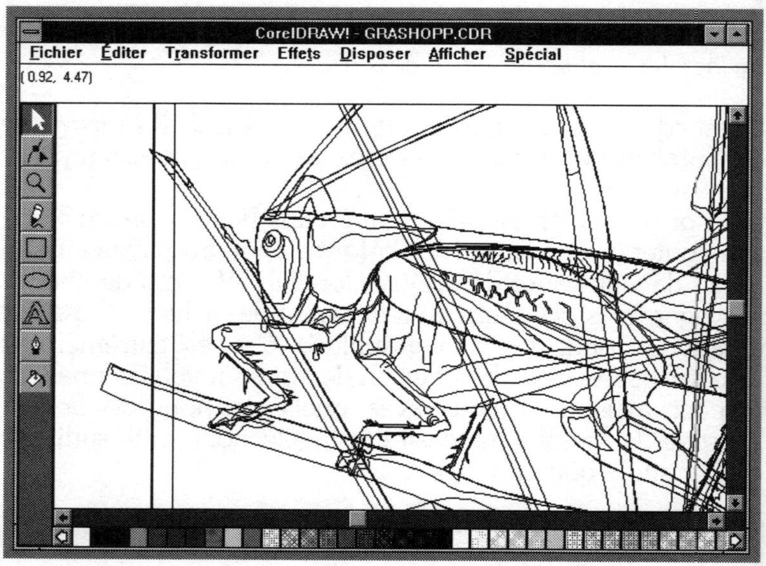

Zoom d'une partie d'image

Aperçu

Servez-vous maintenant des ascenseurs pour déplacer le dessin. Appuyez sur [F9] pour obtenir la prévisualisation pleine page. Lorsqu'il s'agit de visualiser un graphique, cette méthode d'affichage est préférable à la fenêtre d'aperçu. Les détails en effet ressortent mieux. Appuyez sur une touche quelconque pour retourner dans l'écran de travail. Par contre, si vous êtes dans la fenêtre d'aperçu vous ne pourrez en revenir que par [Maj] [F9].

Naturellement, vous pourrez utiliser la loupe à plusieurs reprises. En cours de travail, il vous arrivera souvent d'agrandir un extrait, afin de mieux façonner les détails d'une image. Pour obtenir à nouveau la page complète, cliquez sur le symbole de loupe, puis sur le symbole de page.

Possibilités de zoom

Zoom d'un morceau quelconque.

Affichage du dernier morceau zoomé.

Dessin à l'échelle 1:1.

Taille maximale permettant l'affichage de tous les objets du dessin.

Affichage de la page.

Zoom et aperçu
Zoom d'un morceau avec l'outil-loupe.
Déplacement du morceau avec l'ascenseur de l'image.
Affichage de la fenêtre d'aperçu via *Afficher/Visuel*.
Fermeture de la fenêtre d'aperçu par `Maj` `F9`.
Affichage pleine page avec *Afficher/Visuel plein écran*.
Retour à l'écran de travail par appui sur une touche quelconque.

1.7. Chargement d'un fichier avec le gestionnaire de fichiers MOSAIC

Résumé bitmap

MOSAIC est une application autonome dans le groupe de CorelDRAW. Ce programme vous permet d'avoir immédiatement une idée du contenu de tous les fichiers CorelDRAW situés dans un répertoire ou dans la bibliothèque ClipArt : ceci grâce aux mini-graphiques bitmap que vous avez rencontré lors de l'ouverture d'un fichier. Si vous désirez par exemple modifier un des graphiques affichés, il vous suffit de cliquer deux fois sur la mini-image. MOSAIC démarre alors CorelDRAW avec le dessin. De plus, vous pouvez sélectionner plusieurs dessins d'affilée, puis les imprimer ou exporter en une seule passe.

Changer de répertoire

La première fois que vous démarrez MOSAIC, une fenêtre vide s'affiche. Grâce à *Fichier/Sélectionner le répertoire...*, descendez dans le répertoire contenant vos fichiers CorelDRAW. Sur quoi, MOSAIC affiche tous les graphiques bitmap des dessins.

Paramétrage de base

Dans *Spécial/Préférence*, vous pouvez choisir entre l'affichage de grandes ou petites icônes, ainsi qu'entre une représentation normale ou détaillée des noms de fichiers.

De même que vous pouvez visualiser et manipuler les fichiers d'un répertoire, vous pouvez consulter et utiliser les bibliothèques ClipArt livrées avec CorelDRAW.

Chargement d'un graphique ClipArt

Choix d'un fichier-bibliothèque

Insérez dans le lecteur une des disquettes ClipArt, si vous n'avez pas copié les bibliothèques sur le disque dur lors de l'installation. Activez la commande *Sélectionner la bibliothèque* archive dans le menu *Bibliothèque*. Apparaît alors une fenêtre de sélection de fichier, dans laquelle sont proposés des fichiers d'extension .CLB. Comme d'habitude, via la colonne *Lecteur/Répertoire*, pointez l'unité ou le répertoire du disque dur. Dans *Bibliothèque* choisissez un des fichiers-bibliothèque. Cliquez sur OK. Après quoi, MOSAIC affiche les mini-graphiques bitmap des images contenues dans la bibliothèque.

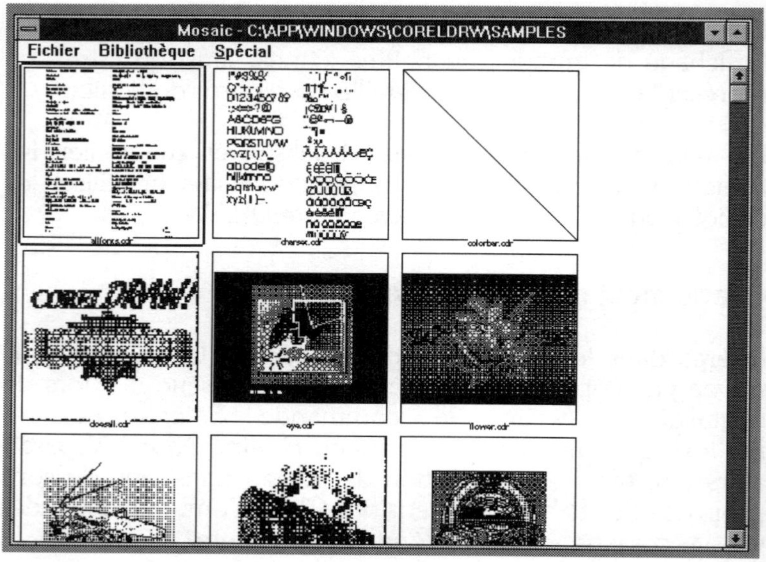

Un coup d'oeil dans les images d'un fichier-bibliothèque

Décom-primer et charger

Cliquez maintenant sur le graphique que vous voudriez ouvrir dans CorelDRAW (l'image sélectionnée est affichée en inversion vidéo). Ensuite, activez *Fichier/Ouvrir*. Avant que CorelDRAW démarre et que le fichier soit chargé, celui-ci doit être extrait de la bibliothèque. Ces fichiers sont en effet, cela a déjà été mentionné, compressés. Pour ce faire, MOSAIC vous demande d'entrer dans une fenêtre de dialogue une unité ou un répertoire de décompression. Faites votre choix dans la colonne *Répertoire*, ce qui a pour effet d'afficher dans la colonne *Fichiers* tous les dessins CorelDRAW déjà disponibles. Validez par OK. CorelDRAW démarre alors automatiquement et charge le graphique sélectionné.

Chargement d'un graphique ClipArt avec MOSAIC
démarrage de mosaic par double clic sur l'icône.
Sélection du fichier d'archivage avec unité, répertoire et nom de fichier dans le menu dialogue *Bibliothèque/Sélectionner la bibliothèque*.
Sélection du graphique bitmap.
Commande *Fichier/Ouvrir* ou double clic sur le mini-graphique.
Entrée du répertoire cible pour le graphique décomprimé.

Diaporama avec MOSAIC

Sélection multiple

Si vous sélectionnez dans MOSAIC plusieurs fichiers (il suffit de maintenir enfoncée la touche [Maj]), vous avez la possibilité de faire tourner un diaporama :

Divers réglages

- après avoir sélectionné quelques graphiques bitmap, activez *Spécial/Présentation diapo....*
- il s'ouvre une fenêtre de dialogue, dans laquelle vous pouvez paramétrer le défilement des images.
- activez *Automatique* et *Continu*, et dans *Délais* entrez une valeur de dix secondes.
- OK.

MOSAIC démarre CorelDRAW après que vous ayez indiqué dans le menu de dialogue bien connu un répertoire cible pour les images à décomprimer. Les fichiers sélectionnés sont chargés l'un après l'autre, et affichés en mode plein écran. Tant que vous n'appuyez pas sur [Esc], ce défilé d'images continuera (Automatique) et rebouclera au début (Continu).

De cette manière, vous pouvez tranquillement en une petite heure faire défiler sur l'écran tous les graphiques ClipArt fournis avec le logiciel. Si vous optez pour *Manuel*, chaque image reste affichée jusqu'à ce que vous appuyiez sur une touche.

De façon similaire, vous pouvez lancer une impression automatique de plusieurs graphiques : sélectionnez les images à imprimer, activez *Fichier/Imprimer*, puis réglez votre imprimante. Après quoi, vous pouvez aller déjeuner en toute quiétude.

1.8. Impression

Imprimante déclarée

Avant d'imprimer un graphique, il faut avoir déclaré la bonne imprimante sous Windows. La sélection des imprimantes et des ports s'effectue dans le Panneau de Configuration (Tableau de bord), accessible directement depuis le menu *Fichier* de CorelDRAW.

Le menu *Fichier* contient également la commande *Imprimer*. Activez-la. Il s'ouvre alors une très grande boîte de dialogue, dans laquelle vous allez entreprendre les réglages de l'impression.

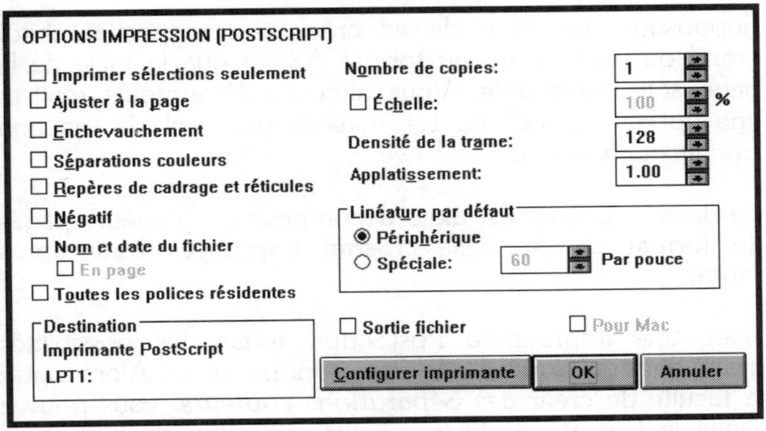

la boîte de dialogue Options impression autorise des paramétrages personnalisés

Imprimantes PostScript et Compagnie

Le cadre *Destination* renferme le périphérique de sortie actuellement déclaré. Ici CorelDRAW fait la différence entre les imprimantes PostScript et les autres. Vous avez l'indication entre parenthèses après le nom de la boîte de dialogue. L'accessibilité des options dépend de ce critère. C'est ainsi, par exemple, qu'il ne sera pas possible sur des imprimantes matricielles ou laser simples d'imprimer des *Séparations couleurs*, des *Repères de cadrage* et des *Réticules*.

Paramètres généraux

La rubrique *Imprimer sélections seulement* sert à n'imprimer que les objets préalablement activés. Combinée avec *Ajuster à la page*, elle vous donne un très bon contrôle sur des détails très précis d'un graphique volumineux.

Enchevauchement

Supposons que vous deviez créer un prospectus plutôt grand ou un dépliant au format A3, et que la taille de la page soit insuffisante. Vous aimeriez Néanmoins réaliser une épreuve à l'échelle 1:1. Utilisez pour cela la fonction *Enchevauchement*.

Le dessin complet est alors décomposé en plusieurs pages du format choisi. Celles-ci sont imprimées l'une après l'autre.

PostSript lave plus blanc

Avec une imprimante PostScript, toutes les possibilités graphiques de CorelDRAW vous sont permises. Alors, outre la faculté de créer des *Séparations couleurs*, vous pouvez régler la *Densité de la trame* sur une valeur spécifique au périphérique, ou bien imprimer le document en *Négatif* et inverser l'ordre d'impression.

Photocomposition

En règle générale, le document est crée dans l'entreprise sur une laser, ou chez vous sur une imprimante matricielle. Ensuite vous l'imprimez dans un fichier que vous envoyez pour tirage à un service de photocomposition. Ce dernier imprime le document sur un film, lequel est utilisé par l'imprimerie comme modèle professionnel.

Gestionnaire d'impression

Après avoir procédé aux multiples réglages de l'impression, cliquez sur OK. CorelDRAW calcule, puis envoie les instructions pour l'imprimante au gestionnaire d'impression. A condition, bien sûr, que vous ayez activé ce dernier dans *Tableau de bord.../Imprimantes*.

L'avantage du spool est de vous permettre de continuer à travailler, même si c'est à vitesse réduite.

Impression
Déclaration de l'imprimante dans *Fichier/Tableau de bord....*
Fichier/Imprimer.
Activation de *Imprimer sélections seulement* et de *Ajuster à la page* pour un bon contrôle des objets isolés ou des groupes d'objets.
Activation de *Enchevauchement* pour l'impression des dessins plus grands que la page.
OK pour lancer l'impression.

1.9. Sauvegarde

Sauver avec Ctrl S

La sauvegarde d'un dessin est affaire de pure routine : après un lot de modifications, il suffit d'appuyer sur Ctrl S. La commande *Sauvegarder* se trouve, comme dans toute application Windows, dans le menu *Fichier*. Si le document n'a pas de nom, dans le cas d'un nouveau fichier par exemple, apparaît la boîte de dialogue *Sauvegarder un dessin* :

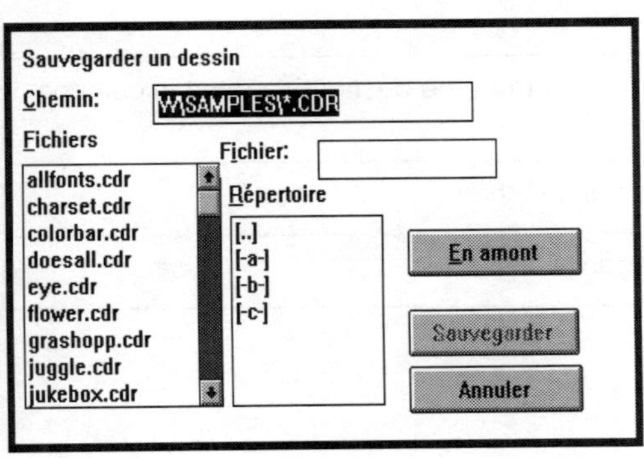

Boîte de dialogue Sauvegarder un dessin

Choix du répertoire comme à l'ouverture

Vous choisissez ici très facilement l'unité et le chemin dans la colonne *Répertoire*. En outre, les fichiers CorelDRAW existant dans le répertoire actif sont affichés dans la colonne *Fichiers*. Un clic sur le champ de saisie *Fichier* rend possible le changement de nom du document. Point n'est besoin d'entrer l'extension .CDR. Cliquer sur la case *En amont* a le même effet que cliquer deux fois sur l'entrée "[..]" dans la colonne *Répertoire*.

Attention aux graphiques achevés

Faites très attention, lorsque vous partez d'un graphique existant pour en produire un nouveau. Le nouveau document doit être sauvé sous un autre nom. Faites ceci immédiatement après l'ouverture du modèle, avant de procéder à une modification. Sinon, vous risquez d'oublier et de faire [Ctrl] [S] sans y penser. La commande adéquate dans ce cas est *Sauvegarder sous...*, elle aussi dans le menu *Fichier*. Si le chemin est correct, cliquez sur OK.

Sauvegarde
Pour sauver un dessin déjà enregistré : *Fichier/Sauvegarder* ([Ctrl] [S]).
Pour sauver un dessin déjà enregistré avec un autre nom : *Fichier/Sauvagarder sous....*
Recherche de l'unité et du répertoire de destination dans la colonne *Répertoire*.
Saisie du nom du fichier dans *Fichier*.
OK pour lancer la sauvegarde.

1.10. Exportation des graphiques

Exportation pour réutilisation

Pour pouvoir utiliser les graphiques de CorelDRAW dans un autre logiciel, utilisez la fonction d'exportation. Il est important ici de choisir le format correct, afin que l'autre programme et le périphérique de sortie puissent reconnaître le fichier.

Les formats d'exportation les plus universels sont PCX, TIFF pour les graphiques bitmap, et EPS (Encapsulated PostScript) pour les graphiques PostScript. Dans cet ouvrage, tous les dessins ont été réalisés avec CorelDRAW, exportés au format EPS, puis repris dans Microsoft Word 5.0 et tirés sur photocomposeuse.

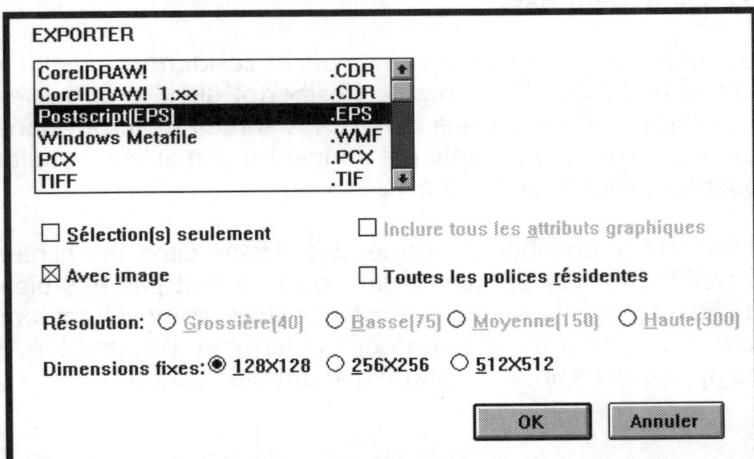

Boîte de dialogue Exporter

La fonction *Sélection(s) seulement*, comme pour l'impression, donne la possibilité de n'exporter que l(es)'objet(s) sélectionné(s).

PCX ou TIFF

Si vous exportez au format PCX ou TIFF, vous pouvez choisir entre plusieurs grandeurs dans *Résolution*. Vous avez quatre options depuis une résolution assez fruste (40 dpi) jusqu'à une très haute résolution (300 dpi). CorelDRAW en outre crée des images bitmap de la dimension du dessin.

Images dans les exportations EPS

Avec *Avec image*, vous avez la possibilité ici de générer une image de contrôle. L'image est une simple version bitmap du dessin. Lors de l'intégration dans un autre logiciel (par exemple PageMaker), elle peut, contrairement à un graphique sans image, être affichée à l'écran. Ainsi, retravailler le dessin, par exemple pour le couper ou pour le redimensionner, en sera grandement facilité. Vous pouvez générer l'image-entête avec trois résolutions différentes, ceci par *Dimension fixe*.

Toutes les polices résidentes

Le choix de l'option *Toutes les polices résidentes* indique à CorelDRAW que l'imprimante PostScript dispose de toutes les polices utilisées. Dans ce cas, les sorties se feront dans les polices de l'imprimante qui donnent une meilleure qualité pour les tailles inférieures à 12 pt.

De CorelDRAW vers CorelDRAW

Il est enfin possible d'exporter un dessin dans un fichier CorelDRAW. Au premier abord, on n'en voit pas très bien l'utilité. Mais à la réflexion c'est très intéressant. Comment faire sinon pour intégrer un objet déterminé d'un graphique complexe dans un autre graphique à moitié achevé ?

2. Icônes et lettrines

Lettrines

CorelDRAW est très souvent utilisé pour créer rapidement de petits dessins simples, lesquels seront ensuite repris dans des documents plus importants. Vous travaillez par exemple avec un traitement de texte sous Windows et vous avez besoin d'une lettrine (première lettre d'un paragraphe s'étalant sur deux ou plusieurs lignes) qui doit être embellie à l'aide de petits éléments graphiques. Cela est impossible à faire avec vos polices - vous devez donc créer la lettrine sous forme de graphique, puis l'incorporer.

Echange rapide via le presse-papiers

Démarrez CorelDRAW, écrivez l'initiale dans la police souhaitée, et ajoutez-y quelques enjolivures graphiques. Copiez la lettre sélectionnée dans le presse-papiers avec `Ctrl` `Inser`. Retournez ensuite dans le traitement de texte, et insérez la lettre avec `Maj` `Inser`.

Une autre possibilité de réutilisation d'un graphique est de l'exporter dans un autre format de données. Dans ce livre, chaque dessin créé par CorelDRAW a été exporté au format EPS (Encapsulated PostScript), intégré dans Microsoft Word 5.0, puis passé à la photocomposition.

> Western viticole : la dernière merveille de Claude Dizi, "Autant en emporte le vin" fait salle comble depuis sa sortie sur les écrans... Avec Paul Prévoit et Pauline Carton !

Lettrine insérée dans un texte

Rectangles, cercles et texte

Dans ce chapitre vous allez découvrir les formes fondamentales telles que rectangle, cercle et texte. Puis vous apprendrez à les travailler simplement à l'aide des outils de mise en forme de CorelDRAW.

Voici l'exemple traité dans ce chapitre : au sein d'un document bien structuré les paragraphes du style "Problème", "Solution", "Résumé" et "Conseil" sont repérés par des icônes. Celles-ci ont l'allure suivante :

Quatre icônes-exemple

Dessin à grande échelle

La taille des dessins d'icônes ne joue aucun rôle. Il importe seulement que tous les détails soient faciles à travailler. Pour cette raison, les graphiques destinés à l'exportation sont créés en général dans une grande échelle. Plus tard, ils seront exportés depuis CorelDRAW, et vous pourrez alors leur donner une taille quelconque dans votre traitement de texte.

2.1. Icône Problème

Icône Problème

Agrandissez la partie supérieure de la page représentée : *Zoom*

- activez la loupe.
- cliquez sur l'icône qui représente une loupe avec un signe plus.
- cliquez dans le coin supérieur gauche de la page, et tirez un rectangle en maintenant l'appui sur le bouton.
- relâchez le bouton, lorsque le rectangle correspond à peu près aux proportions de la fenêtre de travail complète.

Vous allez maintenant définir un motif d'arrière-plan qui servira également pour les autres icônes.

Cliquez sur l'outil-rectangle et dessinez un carré de 60 mm de côté. Vous pouvez déterminer la dimension très précisément, puisque vous avez zoomé la portion d'image (basez-vous sur les indications de la barre d'état). Reprenez l'outil-flèche, et alignez le carré de telle sorte que son milieu coïncide avec une position millimétrique exacte (barre d'état). Zoomez à nouveau la portion d'image, afin d'afficher le carré dans une taille aussi grande que possible. La règle *Cadre* devrait elle aussi maintenant afficher des graduations millimé-triques.

Pas de contour

Cliquez sur l'outil-contour et supprimez le contour en activant la case avec la croix. Pour le remplissage, donnez au carré un fond à 30%. Activez l'outil-remplissage et cliquez sur le troisième champ dans la deuxième rangée.

Bâtonnets

Au tour des petits bâtonnets. Il ne s'agit que de simples rectangles en rotation, dont le contour a l'épaissseur d'un cheveu. Sélectionnez à nouveau l'outil-rectangle, et dessinez n'importe où sur le carré un objet dont les dimensions font 3x15 mm. Basez-vous sur la barre d'état. Pour le remplissage et le contour, gardez les valeurs par défaut : blanc et Epaisseur de cheveu.

Dessin du rectangle
Outil-rectangle.
Cliquer sur le coin supérieur gauche du rectangle à dessiner. Fixer la taille en maintenant l'appui gauche (barre d'état). Relâcher le bouton.

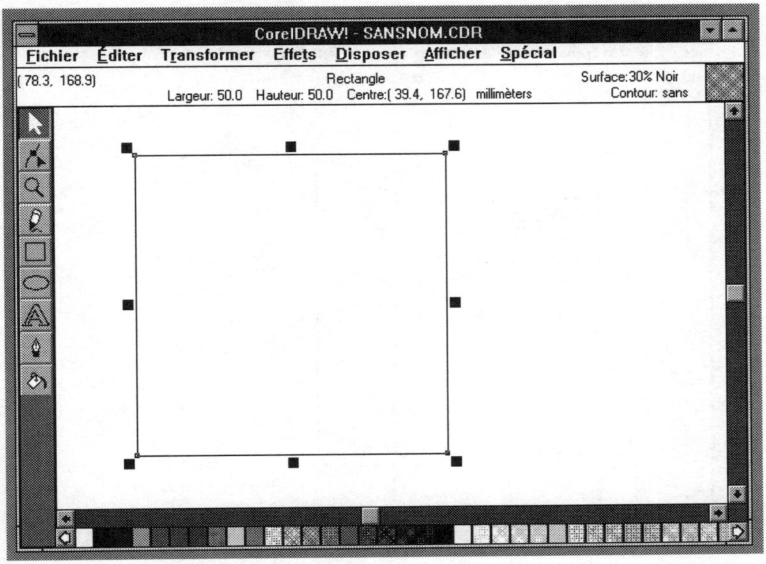

Le carré créé.

Duplication

Il vous faut huit autres exemplaires. Vous dupliquerez l'élément avec la commande *Editer/Dupliquer* (CTRL D). L'élément est reproduit, et le duplicata, suivant en cela les paramétrages fixés dans *Spécial/Préférences/position du double*, est positionné à deux millimètres de l'original. Réitérez le processus jusqu'à obtention de neuf exemplaires.

Travail sur sélection multiple

Il faut maintenant noircir à 70% un exemplaire sur deux. Pour cela, sélectionnez un élément sur deux (maintenez l'appui sur la touche Maj) et affectez leur le nouveau remplissage. Activez l'outil-remplissage et cliquez sur l'avant-dernière icône de la ligne du bas.

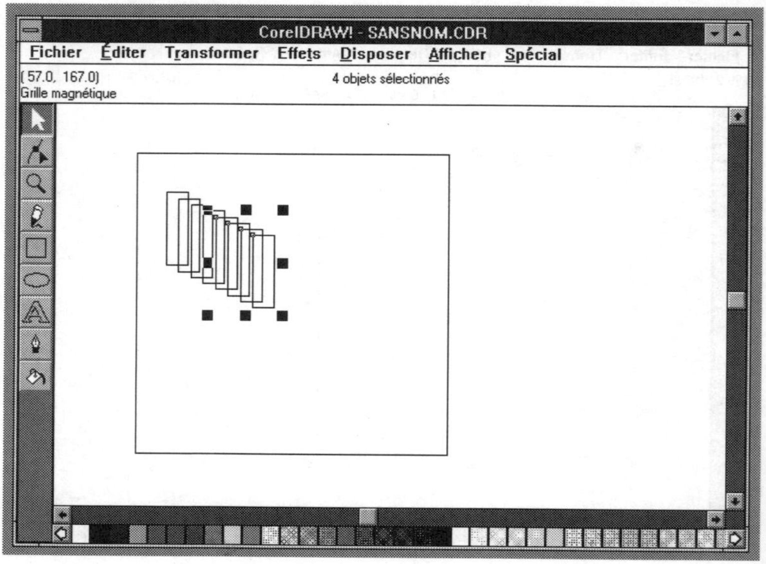

Un objet fut dupliqué plusieurs fois, puis un exemplaire sur deux sélectionné.

Dupliquer
Sélection de l'objet ou du groupe.
Editer/Dupliquer (`Ctrl` `D`).
La copie se retrouve positionnée d'après la valeur des Préférences.

Sélection des objets	
Objet unique	Clic sur contour.
Plusieurs objets	"Capture" via le dessin d'un cadre avec l'outil-flèche.
Objets éparpillés	Clics successifs sur les contours avec appui simultané sur `Maj`.

Rotation des objets

Désélectionnez les quatre rectangles en cliquant dans un coin libre, puis sélectionnez le dernier. Il faut maintenant le faire tourner. Un second clic sur l'objet modifie le mode de travail : il apparaît d'autres marques de sélection et une marque supplémentaire au milieu de l'objet. Maintenant, cliquez sur une des marques de coin, et laissez le bouton de souris enfoncé. Lorsque vous déplacez la souris, le rectangle pivote autour de la marque du milieu. C'est le rectangle fantôme qui indique l'inclinaison. Pour la valeur exacte de l'angle, consultez la barre d'état. Pour changer de centre de rotation, cliquez sur la marque du milieu et déplacez-la, en maintenant le bouton gauche de la souris, vers sa nouvelle position.

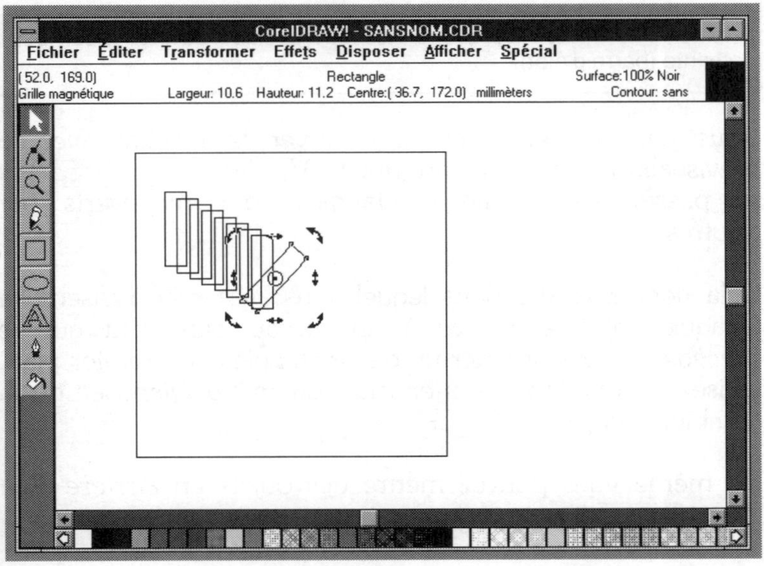

On a fait tourner un objet

Pêle-mêle

Il ne vous reste plus qu'à faire tourner et à disposer les neuf rectangles à votre convenance, de façon à obtenir un effet désordonné esthétique dans le côté gauche du carré. Pour une meilleure présentation, laissez une distance de 3mm depuis le bord du carré.

Tourner (rotation)
Sélectionner l'objet.
Cliquer une deuxième fois sur l'objet pour faire surgir les marques de rotation.
Cliquer sur une marque de coin et déplacer la souris.
Relâcher le bouton lorsque la nouvelle position ou inclinaison est atteinte (barre d'état).

Devant et derrière

Vous avez dû entre-temps observer le résultat avec la prévisualisation plein écran (menu *Afficher* ou `Maj` `F9`). Il se passe que certains rectangles sont recouverts par d'autres.

Cela tient à l'ordre dans lequel vous avez créé l'ensemble. Chaque objet se trouve à un niveau plus haut que le précédent. Pour amener un des rectangles au premier plan, utilisez la fonction *Premier plan* du menu *Disposer* ou la combinaison `Maj` `PgHaut`.

De même vous pouvez mettre des objets en *Arrière-plan* (`Maj` `PgBas`).

L'objet est vraiment à l'arrière-plan ! Ce qui signifie qu'il est caché par le grand carré. Vous ne le verrez plus à la prévisualisation.

Pour déplacer un élément progressivement (niveau par niveau) vers l'avant ou vers l'arrière, vous utiliserez les fonctions *Vers l'avant* ou *Vers l'arrière*, elles aussi dans le menu *Disposer*.

Point d'interrogation = texte

Venons-en au point d'interrogation. Il serait très pénible et cela prendrait beaucoup de temps d'en construire un, alors que CorelDRAW en propose de nombreuses variantes prédéfinies. Basculez en mode traitement de texte en cliquant sur l'outil-texte. A l'aide de l'outil-réticule, cliquez à peu près sur le milieu du bord inférieur du carré. C'est là que vous allez placer un grand point d'interrogation. S'ouvre alors la boîte de dialogue du texte.

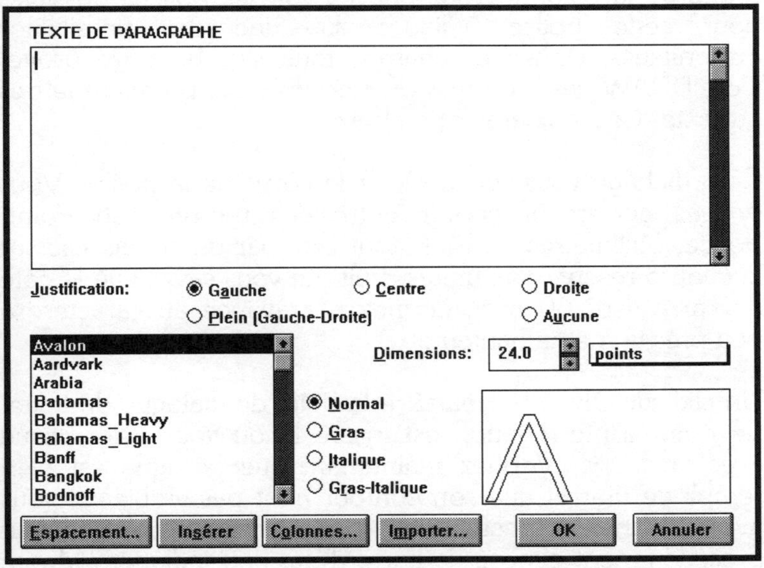

La grande boîte de dialogue pour le texte

Alignement

Dans le grand champ réservé à la saisie du texte se trouve le curseur, et vous pouvez entrer votre texte sans plus attendre. Ecrivez ici un point d'interrogation. Sous *Justification*, vous disposez de cinq possibilités : *Gauche*, *Centre*, *Droite*, *Plein* et *Aucune*. Les quatre premières vous sont déjà familières depuis que vous pratiquez le traitement de texte. Le mode justifié (Gauche Droite) n'est accessible que dans une autre forme de saisie de texte. Etant donné que l'alignement d'un caractère isolé ne tire pas à conséquence, vous conserverez l'option par défaut : gauche.

Police

Cliquez dans la colonne des polices. Vous y trouvez toutes les polices fournies avec CorelDRAW. Le point d'interrogation doit apparaître très distinctement et sans fioritures. Choisissez donc la police "Switzerland", l'équivalent d'"Helvetica". Déplacez l'ascenseur jusqu'à ce que le nom de la police surgisse, puis sélectionnez ce dernier. A droite de la colonne vous pouvez voir les polices possibles pour cette police. Cliquez sur une des possibilités disponibles. Dans le champ tout au bout à droite, CorelDRAW dessine un A ou bien les deux première lettres du texte. Ceci guidera votre choix.

Taille

Cet affichage vous sert à régler le corps de la police. Vous pouvez également choisir entre des mesures en Point, Pouce, Millimètres ou Pica, tout ceci par un simple clic sur le champ réservé aux unités. Puisque vous savez que le côté du carré vaut 60 mm, donnez par avance au caractère à peu près la même hauteur.

Vérifier les couleurs

Un clic sur OK fait disparaître la boîte de dialogue du texte. Le point d'interrogation est inséré là où vous aviez cliqué avec la souris. Vérifiez maintenant que le signe est bien rempli de noir et que son contour n'est pas visible. Si vous avez bien respecté le paramétrage par défaut précédemment exposé, la barre d'état doit indiquer à droite *Surface: 100% noir* et *Contour: sans*.

Insertion d'élément de texte
Cliquer à l'endroit de début du texte.
Saisir le texte dans le grand champ de saisie.
Choisir l'alignement, la police, le style et la taille.
OK.
Vérifier l'absence de contour.

Déplacement d'objet

Il ne reste plus maintenant qu'à aligner le point d'interrogation en le déplaçant et en le redimensionnant. Cliquez dessus, maintenez l'appui sur le bouton de souris et amenez-le dans le coin inférieur droit du carré, de façon à ce qu'il y ait un espacement de 3 mm. Ceci ne présente pas de difficulté, puisque le rectangle-fantôme et la grille facilitent votre repérage.

Redimensionnement

Attrapez ensuite la marque de sélection en haut à gauche du point d'interrogation, et tirez-la vers le haut et vers la gauche en maintenant l'appui sur le bouton de souris. Vous agrandissez le rectangle-fantôme de manière homothétique, tandis que le coin inférieur droit ne bouge pas. Lorsque vous relâchez le bouton, le point d'interrogation est redessiné avec sa nouvelle dimension. Recommencez jusqu'à ce que l'espacement en haut soit aussi de trois millimètres.

Redimensionner avec la souris
Sélectionner l'objet.
Redimensionner (proportionnellement) l'objet en tirant avec la flèche l'une des quatre marques de coin.
Redimensionner (non proportionnellement) l'objet en tirant avec la flèche l'une des quatre marques latérales.

Redimensionner avec les menus
Sélectionner l'objet.
Transformer/Etirement et effet miroir (Ctrl Q).
Entrer des valeurs en pourcentage dans *Etirement horizontal* et *Etirement vertical.*
OK.

Ombrage

Il ne manque plus que l'ombre du point d'interrogation. Pour cela vous utiliserez un duplicata, rempli de blanc, qui sera positionné à quelque distance derrière l'objet. Sélectionnez donc le point d'interrogation, puis exécutez la commande *Dupliquer* du menu *Editer*. Ou bien appuyez sur Ctrl D. CorelDRAW crée une copie du point d'interrogation. Cliquez sur l'outil de remplissage, et enfin sur la couleur blanche.

Point besoin de traiter le contour, puisque l'original n'en possédait pas. Placez le nouveau point d'interrogation d'un cran vers l'arrière (menu *Disposer*, commande *Vers l'arrière* ou Maj PgBas). Vous n'avez plus qu'à le déplacer légèrement de façon à ce qu'il se trouve à gauche du point d'interrogation noir et un peu plus bas.

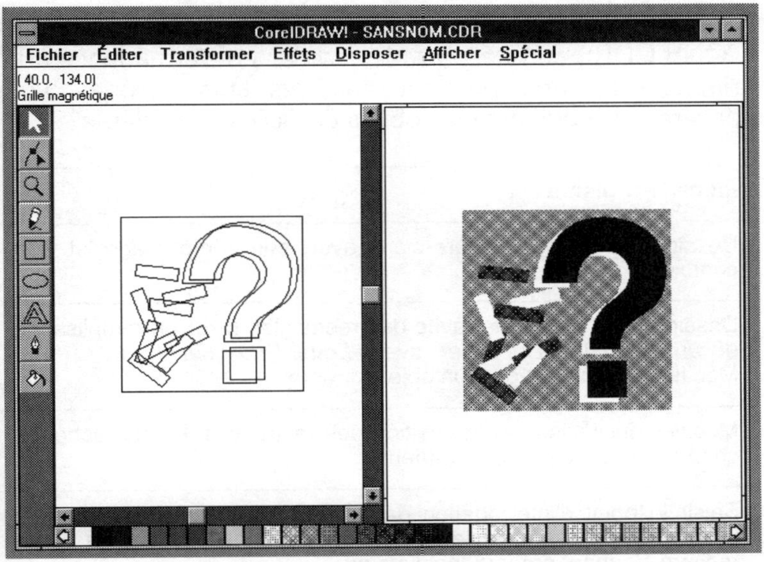

Aspect final de l'icône "Problème" en mode dessin et en mode prévisualisation

Grouper des objets

L'icône étant terminée, il ne vous reste plus qu'à grouper ses éléments. Dans un groupe, plusieurs objets sont reliés à un élément. Ceci permet plus tard à l'utilisateur de déplacer l'icône, par exemple, en ne cliquant qu'une seule fois pour sélectionner tous les objets. Dans un dessin très compliqué comprenant de nombreux éléments, il peut être vraiment difficile de sélectionner plusieurs objets.

Sélectionner plusieurs objets

Avant d'exécuter la commande *Associer*, il faut sélectionner tous les objets. Activez pour cela l'outil-flèche, et capturez tous les objets : cliquez sur le coin supérieur gauche du carré et dessinez, le bouton de souris restant enfoncé, un cadre entourant tous les objets. Dès que vous relâchez le bouton, tous les objets situés à l'intérieur du cadre sont sélectionnés.

Prenez ensuite la commande *Associer* du menu *Disposer*.

Sauvez l'icône sous un nom parlant (par exemple ICONE.CDR), afin de pouvoir accéder en permanence à un original. En effet, pour dessiner les autres icônes, vous effacerez et modifierez les objets de l'icône "Problème".

Icône "Problème"
Dessiner le carré d'arrière-plan, avec son remplissage et son contour.
Dessiner les "bâtonnets" avec des rectangles (fixer un remplissage et un contour). Dupliquer avec *Editer/Dupliquer* (Ctrl D). Modifier le remplissage d'un objet sur deux.
Modifier l'inclinaison et la position des rectangles. Le cas échéant, changer l'ordre des recouvrements.
Saisir le point d'interrogation dans la boîte de dialogue de texte. Fixer le remplissage et le contour. Peaufiner en déplaçant et en redimensionnant proportionnellement.
Donner une ombre en dupliquant et en redisposant le point d'interrogation.

2.2. Icône Solution

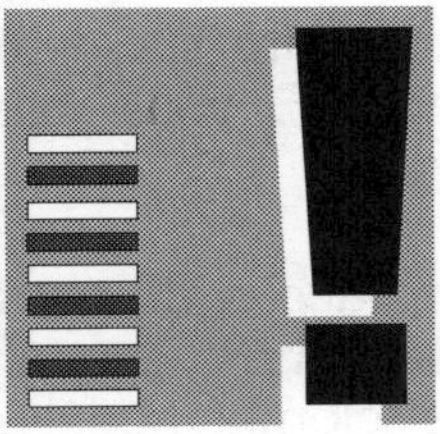

Icône solution

Effacer des objets

L'icône "Solution" sera rapidement construite grâce au travail préliminaire accompli avec la première icône. Commencez par supprimer les neuf mini-rectangles que vous aviez fait tourner. Pour ce faire, soit vous cliquez dessus (avec [Maj]), soit vous utilisez la fonction de capture déjà décrite. Faites bien attention : ne sont sélectionnés que les objets totalement englobés. Vous pouvez donc tracer votre cadre de capture par dessus le carré ou le point d'interrogation, du moment qu'il n'en recouvre qu'une fraction.

Pourquoi effacer les bâtonnets

Appuyez ensuite sur [Suppr] pour effacer les bâtonnets. Pourquoi supprimer tous les rectangles ? Ne suffirait-il pas de les redisposer verticalement ? C'est que pour redonner à un objet son inclinaison d'origine il faudrait l'avoir conservée quelque part. Essayez quand même : vous verrez que cela prend beaucoup de temps. Il est beaucoup plus rapide de redessiner de tels objets simples.

Mieux vaut redessiner

Sélectionnez à nouveau l'outil-rectangle, et dessinez un rectangle (côtés 3x15 mm). Remplissage et contour restent inchangés. Dupliquez-le huit fois. Un exemplaire sur deux sera rempli à 70% de noir (outil-remplissage). Et vous voilà avec vos neuf bâtonnets disposés verticalement.

Alignez-les ensuite contre le bord inférieur gauche du carré d'arrière-plan à 3 mm du bord, et laissez entre eux un intervalle de 2 mm. Ils doivent être empilés selon le modèle.

Modification de texte

Reste à remplacer le point d'interrogation par un point d'exclamation. Comme il s'agit dans les deux cas d'éléments de texte, la modification est réalisable dans la boîte de dialogue du texte. Sélectionnez un des point d'interrogation, puis activez *Editer/Editer le texte...* (`Ctrl` `T`) pour obtenir la fenêtre de texte. Le curseur est positionné dans la zone de saisie de texte après le point d'interrogation. Effacez-le avec `Backspace`, puis insérez un point d'exclamation. Inutile de vous attarder sur les attributs du texte tels que alignement, police ou taille. Les paramètres du point d'interrogation sont en effet conservés. Cliquez sur OK, et procédez à une modification similaire sur le second point d'interrogation.

Après quoi, vous sélectionnez les deux points d'exclamation et vous les déplacez dans le coin droit. Voilà la seconde icône achevée.

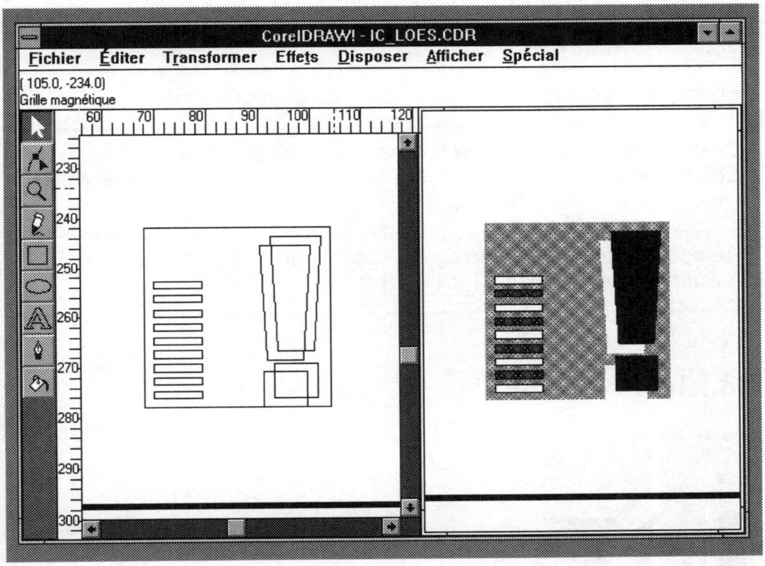

Aspect final de l'icône "Solution" en mode dessin et en mode prévisualisation

Sauvegarde

Sauvez aussi cette icône. A vous de voir si vous sauverez les quatre icônes dans des fichiers différents ou si vous les rangerez dans un même fichier.

Refaites une copie (par *Editer/Dupliquer* ou `Ctrl` `D`), groupez le duplicata et positionnez-le sur la page de façon à avoir une base pour la création de l'icône suivante.

Icône "Solution"
Effacer les rectangles éparpillés de l'icône précédente.
Dessiner un bâtonnet, et le colorier. Le dupliquer avec *Editer/Dupliquer* `Ctrl` `D`. Recolorier un bâtonnet sur deux. Les aligner dans le coin inférieur gauche.
Remplacer le point d'interrogation par un point d'exclamation grâce à *Editer/Editer le texte...* (`Ctrl` `T`).

2.3. Icône "Conseil"

Icône "Conseil"

Pour réaliser cette icône ainsi que la suivante, vous allez apprendre quelques unes des nombreuses techniques de traitement de lignes. Vous pouvez décomposer les éléments de base rectangle, cercle et texte en courbes et lignes et les modifier séparément et à volonté à l'aide de l'outil-chemin. Comme exemple de décomposition d'un objet, voici l'icône "Conseil" : elle se compose d'un fond gris et d'un index.

Le doigt de la police

La petite main n'est rien d'autre que le signe plus de la police "Dixieland", plus connue sous son nom PostScript "ZapfDingbats". Dans cette police, les lettres et les autres caractères sont remplacés par des symboles tels qu'étoiles, croches, boîtes, ciseaux et autres.

De la précédente icône vous ne garderez que le carré qui sert d'arrière-plan. Effacez donc les bâtonnets et les points d'exclamation.

Créer l'index

Activez l'outil-texte et cliquez sur le carré. Surgit la boîte de dialogue bien connue. Entrez un signe plus et sélectionnez la police "Dixieland" (peu importe la taille). OK, puis agrandissez ou déplacez l'index de façon à le placer au milieu du carré.

Terminé

L'icône est pratiquement terminée. Cependant lorsque vous la prévisualisez, vous remarquez que la surface de la main est transparente.

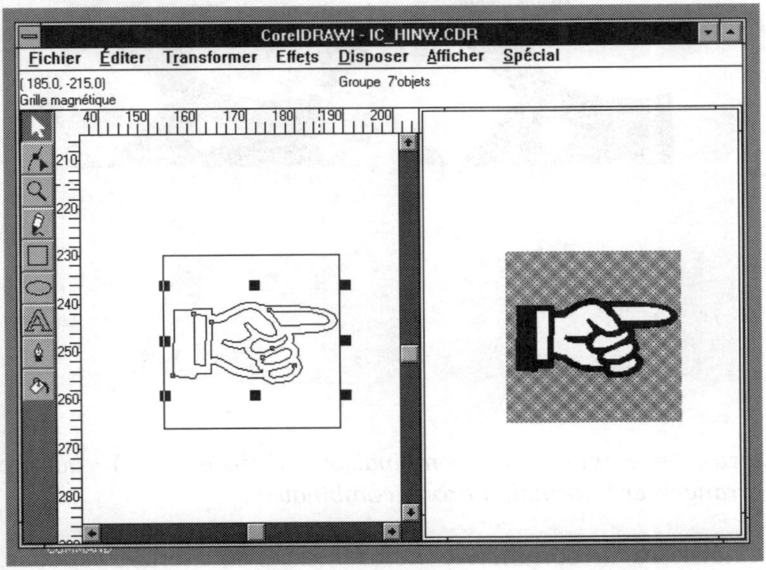

Icône "Conseil" déjà finie

Vous aimeriez bien que la surface de la main soit blanche. Mais une modification de remplissage ou de contour ne donne rien. Pour pouvoir toucher l'intérieur de la main, il faut la décomposer.

Décomposition en courbes

L'objet étant sélectionné, activez la commande *Convertir en courbe* du menu *Disposer*. L'élément-texte devient alors une figure résultant de la combinaison de sept objets.

Combinaison

Une combinaison d'objets n'est pas, contrairement à un groupe, un amarrage mais au contraire une relation. Cela signifie que des objets combinés peuvent être travaillés comme s'ils ne faisaient qu'un, par exemple pour relier deux lignes distinctes ou pour faire des trous dans des objets. Il en était de même des sept éléments de l'index lorsqu'ils formaient un seul élément-texte.

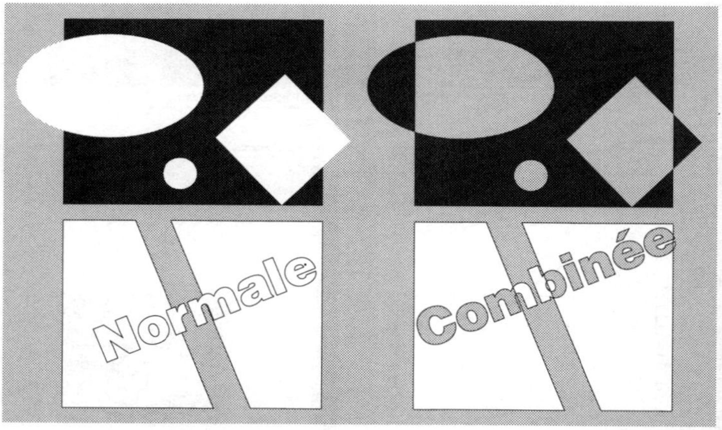

Deux exemples de combinaison d'objets : à gauche arrangement normal, à droite combinaison

Eclatement de la combinaison

Choisissez la commande *Eclater* dans le menu *Disposer*. Les sept constituants de la main sont désormais manipulables individuellement. Cependant ils possèdent tous les mêmes attributs de remplissage, à savoir du noir. Sélectionnez donc les six objets à l'intérieur du contour (avec `Maj`), et affectez leur la couleur blanche. Faites-les ensuite passer au premier plan (`Maj` `PgHaut`).

Pour refaire de la main un objet unique, prenez uniquement la commande *Associer*. Avec *Combiner*, les objets remplis en blanc perdraient leurs attributs et deviendraient des trous.

Dupliquez l'icône ([Ctrl] [D]), groupez le duplicata et repositionnez-le sur la page.

Effacez la main dans la première icône de façon à ce qu'il ne reste que le carré d'arrière-plan.

"Icône conseil"
Effacer tous les objets de l'icône précédente à l'exception du carré d'arrière-plan.
Insérer le "doigt" en tant qu'objet-texte.
Décomposer l'objet-texte via *Disposer/Convertir en courbe* ([Ctrl] [V]).
Décomposer la combinaison par *Disposer/Eclater*.
Colorier les objets "intérieurs".
Regrouper tous les objets de la main avec *Disposer/Associer* ([Ctrl] [G]).
Duplication du groupe.

2.4. Icône "Résumé"

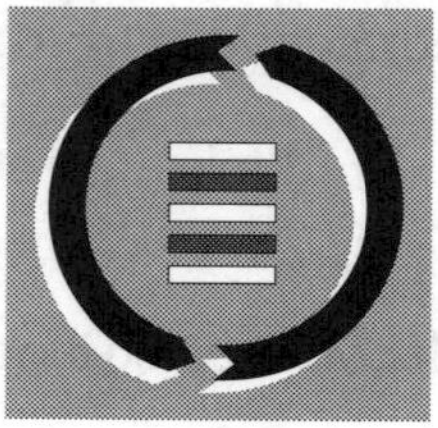

Icône "Résumé"

Dessin de cercles

Commencez par dessiner un cercle :

- activez l'outil-ellipse,
- cliquez dans le coin supérieur gauche du carré et tracez, en maintenant l'appui gauche, un cercle de 50 mm de diamètre. Si vous avez affiché la grille et la barre d'état, il ne devrait pas être difficile de faire un vrai cercle et non une ellipse.
- une fois le cercle dessiné, relâchez le bouton.

Une autre méthode pour obtenir un authentique cercle consiste à appuyer sur `Ctrl` pendant le tracé. Il existe enfin la possibilité à l'aide de la touche `Maj` de dilater une ellipse depuis son centre. Pour que l'ellipse devienne cercle, appuyez simultanément sur `Ctrl` et `Maj`.

Diverses méthodes

Faites l'essai. Effacez le cercle que vous venez de créer, et placez le réticule de l'outil-ellipse exactement au milieu du carré (orientez-vous d'après la barre d'état). Appuyez sur `Ctrl`, cliquez et dessinez un cercle, un vrai de vrai. Si en plus vous appuyez sur `Maj`, le cercle gonfle selon votre convenance. Vous pouvez ainsi pendant le tracé d'un cercle ou d'une ellipse décider de la méthode de fabrication.

Deuxième cercle

Il vous faut maintenant un autre cercle plus petit, concentrique avec le premier. Donnez lui un diamètre de 40 mm.

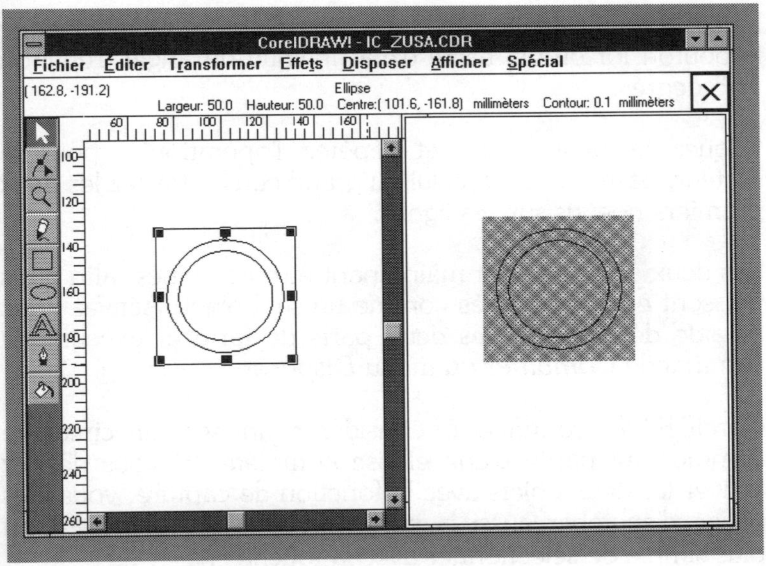

Deux cercles concentriques

Secteur circulaire

L'étape suivante consiste à ouvrir les deux cercles et à créer un secteur circulaire (part de tarte). Pour cela, sélectionnez le cercle extérieur, choisissez l'outil-chemin et cliquez sur le noeud qui marque le "début" du cercle. Maintenez enfoncé le bouton de souris, et tirez la souris le long de la circonférence. Vous pouvez maintenant construire un secteur circulaire, tandis que la barre d'état vous indique précisément la valeur de l'angle.

Faites quelques tours tranquillement. Observez bien ce qui se passe, selon que le pointeur de souris se trouve à l'intérieur ou à l'extérieur du cercle. Si vous amenez le pointeur à l'intérieur, CorelDRAW relie les extrémités de l'arc de cercle au centre.

C'est ainsi que vous obtenez une "part de tarte". Si le pointeur reste à l'extérieur du contour, vous n'obtenez qu'un simple arc de cercle.

On demande un secteur circulaire

Puisque vous avez besoin d'une part de tarte, relâchez donc le bouton lorsque la barre d'état indique un angle d'environ 165 degrés.

On recommence avec le petit cercle

Cliquez le petit cercle et répétez l'opération : pour le secteur, basez-vous sur celui du grand cercle. Placez les deux premiers noeuds sur ses lignes.

Combiner les secteurs

Les deux secteurs vont maintenant être combinés, afin qu'ils puissent être retravaillés comme un seul objet. Activez donc à l'aide de la flèche les deux parts de tarte et exécutez la commande *Combiner* du menu *Disposer*.

CorelDRAW continue à considérer un secteur circulaire comme une partie d'une ellipse complète. Si vous désirez activer les deux objets avec la fonction de capture, vous êtes obligé d'englober aussi la partie invisible de l'ellipse. Il est plus simple de sélectionner avec la touche [Maj].

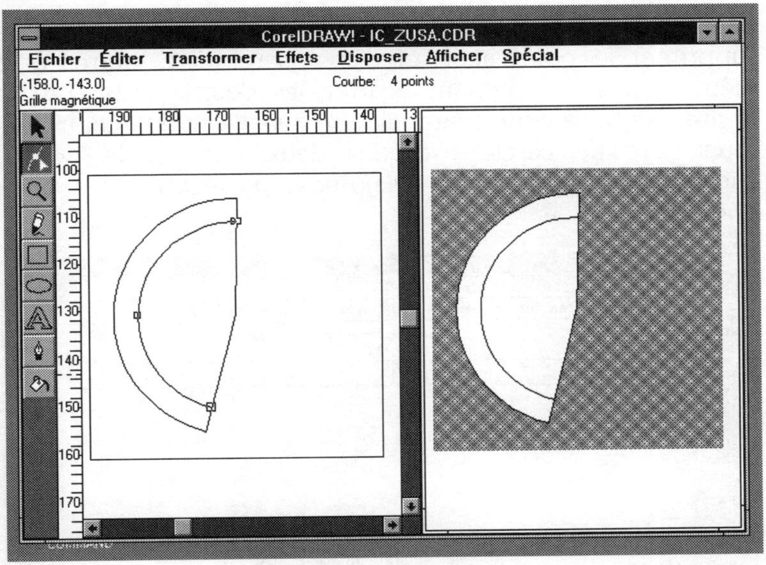

Deux "parts de tarte"

Déplacer les noeuds

Sélectionnez ensuite l'outil-chemin. Les noeuds de sélection apparaissent. Marquez le noeud situé au centre du cercle, et tirez-le quelque peu vers l'extérieur, afin de distinguer les deux noeuds jusqu'alors placés au même endroit. Vous pouvez maintenant déplacer les deux noeuds à volonté - l'arc de cercle lui-même ne bouge pas.

Travailler les noeuds par double clic

Cliquez deux fois sur ce noeud. Surgit alors directement à côté un petit menu de sélection. C'est ici que l'on détermine l'aspect et le comportement de la ligne qui passe par le noeud sélectionné.

Séparer les noeuds

Choisissez le bouton *Disjoindre*. Ceci a pour effet de supprimer le point actif, et d'en insérer deux autres à la même place. Maintenant écartez les deux points l'un de l'autre. Répétez cette manipulation avec le noeud central de l'autre arc de cercle : cliquez deux fois sur le noeud, choisissez la commande *Disjoindre* et écartez les deux noeuds.

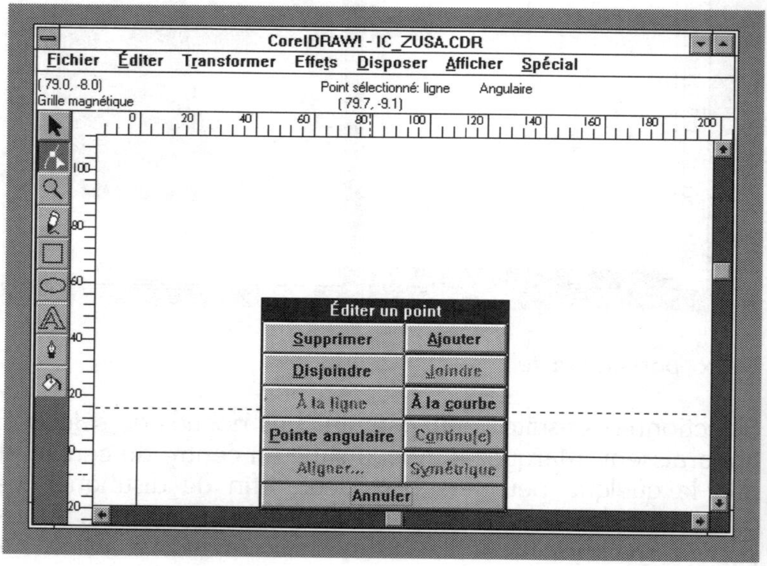

Le menu de traitement de noeud

Lier des noeuds

Placez maintenant les deux noeuds d'un même côté du secteur circulaire, l'un exactement au-dessus de l'autre. Sélectionnez-les tous les deux. Comme avec la flèche, vous pouvez choisir plusieurs noeuds avec l'outil-chemin. Ici, deux noeuds sont placés exactement l'un au-dessus de l'autre. De ce fait, il n'est pas possible de sélectionner avec `Maj`. Il faut donc utiliser la fonction de capture.

Exécutez un double clic sur ces points sélectionnés, de façon à ce que le menu de traitement de noeud s'affiche. Prenez ici la commande *Joindre*. Les deux noeuds sont reliés l'un à l'autre. Après que vous aurez pareillement traité les deux noeuds situés sur l'autre côté de l'arc de cercle, vous aurez devant vous un objet courbe fermé. Vous pouvez le colorier : prenez du noir.

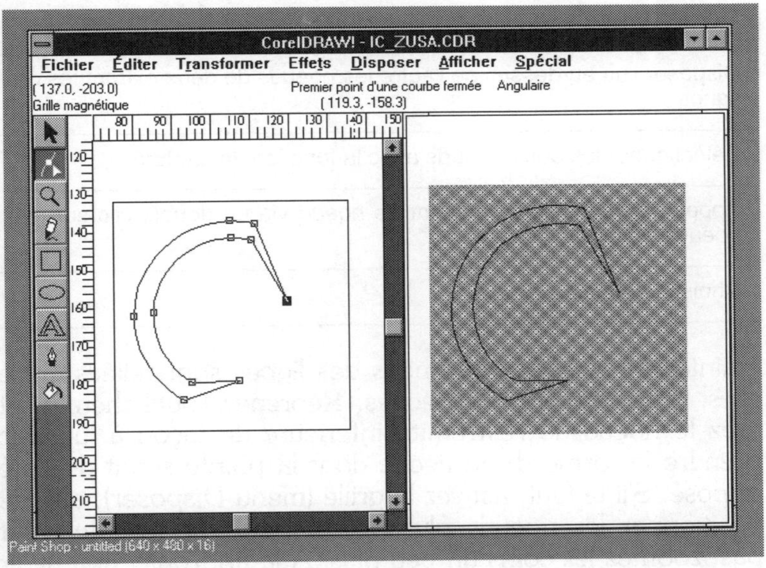

Interversion des noeuds de traitement

Séparer les noeuds
Sélectionner le noeud via un clic.
Appeler le menu de traitement de noeud par un double clic sur le noeud.
Activer le bouton *Disjoindre*.

Désélectionner le noeud (dédoublé) en cliquant dans un endroit libre.
Sélectionner un des noeuds en cliquant, et le déplacer.

Lier les noeuds
Disposer l'un au-dessus de l'autre les noeuds de deux extrémités de lignes.
Sélectionner les deux noeuds avec la fonction de capture.
Appeler le menu de traitement de noeud via un double clic sur les noeuds.
Choisir le bouton *Joindre*.

Repositionner les noeuds

Maintenant que les extrémités des lignes sont reliées entre elles, elles forment des flèches. Reprenez l'outil-chemin, et tirez le noeud de l'extrémité inférieure de façon à lui faire prendre la forme d'une flèche dont la pointe serait du côté opposé. S'il le faut, activez la grille (menu *Disposer*), afin de positionner les noeuds plus précisément. Si cela ne suffit pas, zoomez les coins un peu plus. A la fin, l'objet doit avoir la forme d'une flèche courbée.

Ensuite, il faudra créer un duplicata de l'objet et le faire tourner de 180 degrés autour du centre du cercle. Ainsi la réunion des deux morceaux formera un cercle coupé.

Duplication immédiate...

Cliquez l'objet, et dupliquez-le (`Ctrl` `D`). Déplacez la copie (la grille est-elle activée, et la portion d'image "dézoomée" ?) de manière à recouvrir l'original.

...et tourner

Cliquez une seconde fois sur l'objet de façon à faire sortir les marques de rotation. Positionnez le centre de rotation à l'endroit exact du centre originel du cercle, puis faites pivoter l'objet de 180 degrés. La barre d'état vous indique l'angle exact.

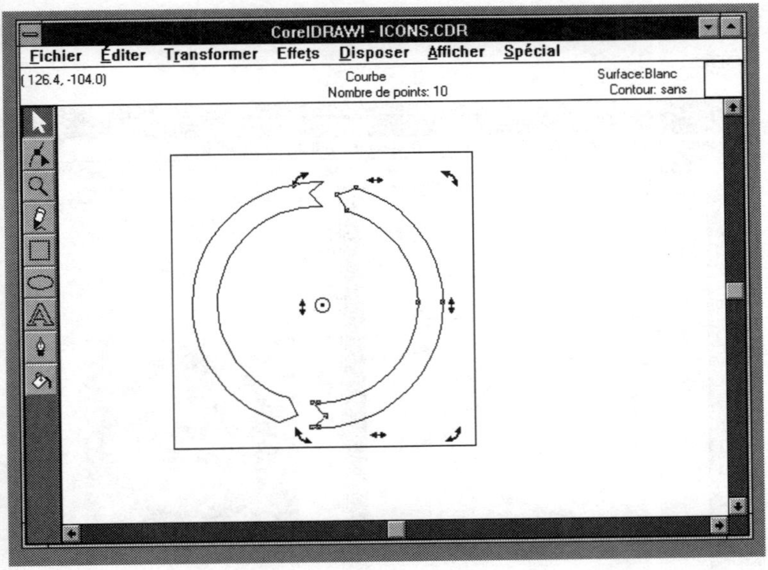

Rotation d'un objet autour d'un centre déterminé

Grouper par sécurité

Le plus dur est fait. Activez les deux flèches, et groupez-les afin de ne pas risquer de modifier intempestivement leur position. Dupliquez ensuite le groupe, et descendez la copie d'un niveau via *Disposer/Vers le bas*. Comme couleur, prenez du blanc et désactivez le contour.

Ombrer

Déplacez maintenant l'original en noir un peu vers le haut et vers la droite depuis le milieu du carré, et l'"ombre" blanche sur son côté gauche. De cette façon, l'icône garde un air de famille avec les précédentes.

Les bâtonnets sont bagatelle

Créer les petits rectangles au milieu de l'icône est chose aisée. Point n'est besoin de s'y attarder à nouveau. Pensez seulement à grouper tous les objets, une fois que l'icône sera achevée. Ainsi, il sera facile de sélectionner et déplacer l'ensemble.

Il va de soi que vous allez immédiatement sauvegarder cette icône.

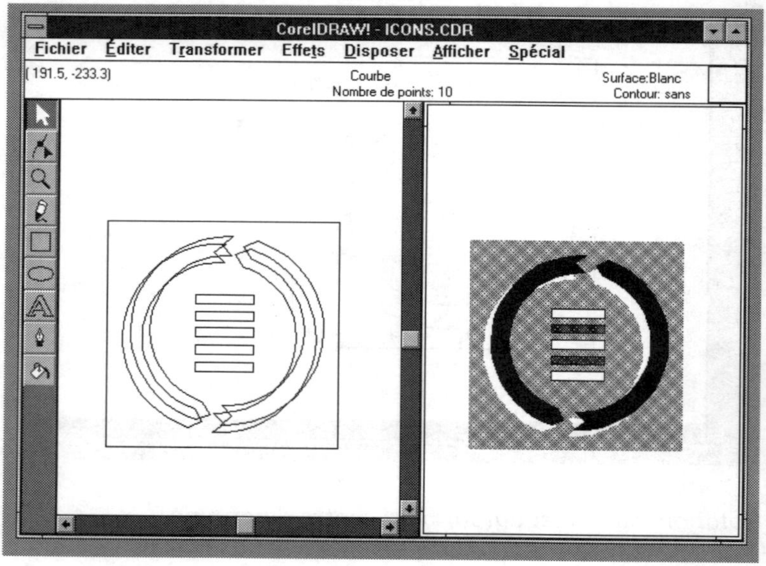

Aspect final de l'icône "Résumé" en mode dessin et en mode prévisualisation

Icône "Résumé"
Effacer tous les objets de la dernière icône à l'exception du carré d'arrière-plan.
Dessiner deux cercles concentriques de 40 et 50 mm de diamètres, dont le centre occupe le milieu du carré.
Déformer les cercles afin de produire des secteurs d'angle identique.
Combiner les deux cercles pour en faire un seul objet.
Séparer les noeuds des milieux des deux secteurs.
Lier les noeuds d'un même côté du secteur après les avoir disposés l'un au-dessus de l'autre.

3. Titres personnalisés

Dans ce chapitre, vous allez apprendre les mille et une façons de modifier du texte. Qu'il s'agisse d'une invitation, d'une affiche ou d'un compte-rendu pour la gazette d'une association, le texte ressort d'autant mieux qu'il est précédé d'un titre bien pensé. Vous allez ici appliquer le même principe que pour les lettrines et les icônes : créer le texte avec un traitement de texte, puis intégrer dans ce texte le titre produit par CorelDRAW sous forme de graphique. Dans le cas où le texte ne comporte que quelques lignes, il va de soi qu'il est possible de créer le document complet sous CorelDRAW.

3.1. Titre avec éléments graphiques

Pour étayer le propos, voici un exemple simple de titre avec éléments graphiques :

Titre banal

Prêt ?

Vous êtes censé ici respecter les paramétrages présentés au chapitre 1.5. Si l'écran de travail contient encore un dessin, enlevez-le par *Fichier/Nouveau*.

D'abord le texte...

Ecrivez d'abord le texte, pour pouvoir ensuite vous baser sur sa longueur pour le tracé des traits supplémentaires et du motif d'arrière-plan. Activez donc l'outil-texte, et cliquez sur un endroit quelconque de la feuille. La boîte de dialogue du traitement de texte apparaît. Entrez le texte suivant : "Une nouvelle échelle ?". Comme police, prenez Vogue ; comme style, normal. Choisissez un alignement gauche et un corps d'environ 31 Pt. Un clic sur OK suffit à placer la ligne de texte sur la feuille de travail. Suivant en cela vos paramétrages par défaut, le texte écrit est en noir et dépourvu de contour.

...puis le cadre

Faites maintenant un zoom afin d'agrandir la ligne de texte. Activez l'outil-rectangle, et tracez une boîte qui entoure le texte sans le toucher. La flèche permet de corriger les distances entre le rectangle et le texte.

N'oubliez pas de prévoir une marge confortable pour le bord supérieur, ceci afin d'y placer l'échelle. Placez le rectangle à l'arrière-plan via *Arrière plan* ou `Maj` `PgBas`. En effet, ayant été dessiné en dernier, il recouvre le texte. Pour le coloriage, choisissez un motif gris clair, d'environ dix pourcent, et supprimez le contour.

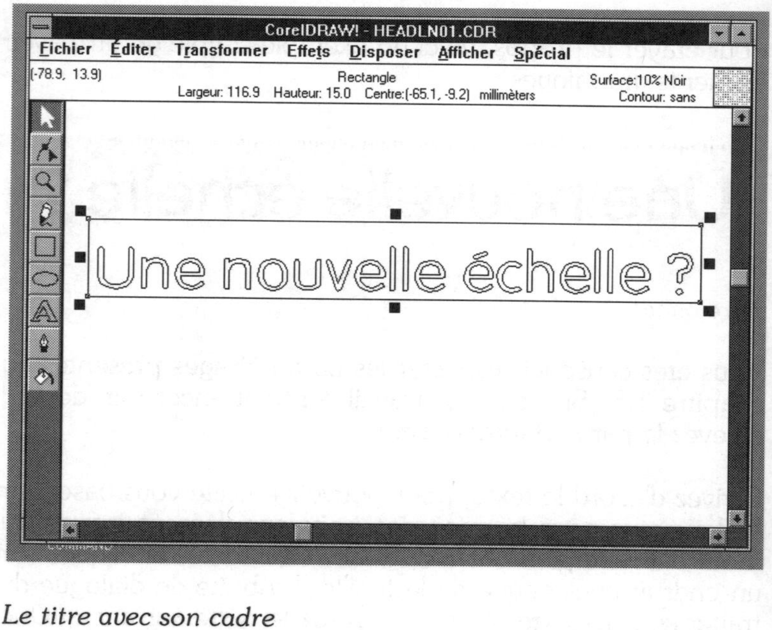

Le titre avec son cadre

Tracer des traits verticaux

Refaites un zoom sur le côté gauche du rectangle. Il faut maintenant dessiner l'échelle millimétrique. Pour cela, prenez l'outil-crayon. Avec lui, on ne peut faire que des traits : un clic sur la surface de travail fixe l'origine du trait, un autre clic marque l'extrémité. Si vous n'appuyez pas sur le bouton de souris, vous dessinez alors à main levée.

Tracer des lignes

A l'aide du réticule dessinez maintenant dix traits verticaux placés l'un près de l'autre : donnez leur une longueur et un espacement d'un millimètre, sauf pour le dixième qui mesurera deux millimètres.

Heureusement, la grille ne permet que des déplacements millimétriques, ce qui facilite énormément le positionnement des petits traits et le dessin des verticales.

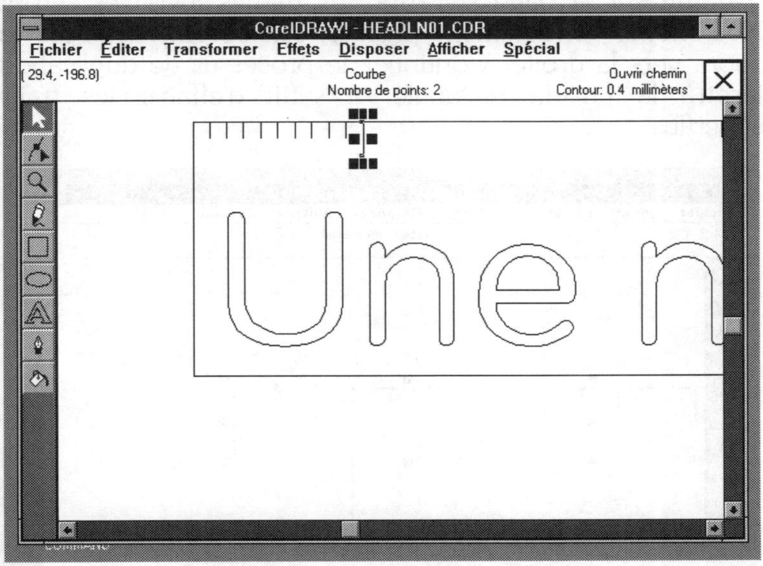

Les dix premiers "millimètres" de l'échelle

Lignes droites
Activer l'outil-crayon, la grille étant activée (Ctrl Y).
Cliquer une fois pour fixer l'origine du trait.
Cliquer une seconde fois pour marquer la fin de la ligne.

Le reste sera copié

Point besoin de dessiner d'autres traits que ces dix. Les traits manquants vont être dupliqués. Réactivez la flèche et sélectionnez les dix traits (fonction de capture). Dupliquez-les (Ctrl D) à côté des originaux.

Duplication efficace

Vous pouvez ensuite sélectionner vingt traits et les copier. Même si un groupe d'objets, lors du positionnement, déborde sur la page suivante, les parties invisibles seront Néanmoins correctement placées. Au besoin, déplacez le zoom vers la droite. Continuez le processus de duplication jusqu'à la fin du rectangle. Il suffit d'effacer les traits superflus.

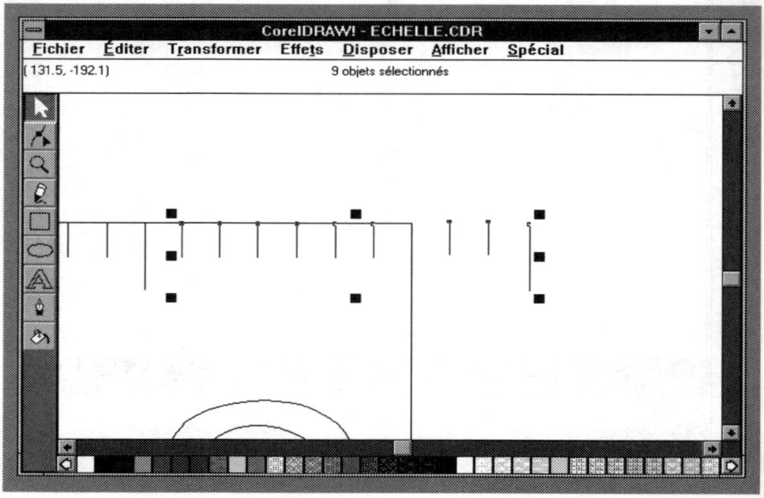

Ce qui déborde sera tout simplement effacé

Un seul coup d'oeil

Les détails du titre étant terminés, désactivez le zoom (loupe avec signe moins), et commutez vers la prévisualisation plein-écran ([F9]). Vous observez alors que l'écriture ainsi que les traits millimétriques paraissent un peu trop fins.

Plus d'épaisseur pour l'écriture

Vous pourriez bien sûr graisser la police dans la fenêtre de traitement de texte, mais le texte serait un peu trop gras. Essayez-le à tout hasard :

- cliquez sur l'écriture,
- activez *Editer/Editer le texte* ([Ctrl] [T]),
- à côté de la colonne des polices, prenez *Gras*,
- cliquez sur OK.

Une autre possibilité consisterait à modifier l'épaisseur du contour, qui est paramétrable à volonté. Si elle n'est pas trop épaisse, les lettres ne le seront pas trop non plus. Sélectionnez l'écriture et cliquez sur l'outil-contour. Prenez le second niveau après l'épaisseur de cheveux, ce qui correspond à une épaisseur de 0,4 millimètre, tout à fait supportable pour une police d'environ 30 Pt.

Divers contours pour un élément de texte

Grouper les lignes millimétriques

Les traits millimétriques sont un peu trop fins. Les paramètres prédéfinis sont tels que vous avez là une épaisseur de 0,1 mm. Remplacez-la par une épaisseur de 0,4 mm. Pour ce faire, il suffit de sélectionner tous les traits et de les modifier d'un coup avec l'outil-contour. Profitez-en pour les grouper, afin de pouvoir par la suite les sélectionner en cliquant sur un des traits.

Le titre final en mode dessin et en mode aperçu

Titre avec éléments graphiques
Ecrire le texte en gros caractères. S'il le faut, agrandir à la largeur de la feuille.
Dessiner le rectangle (grille activée) entourant le texte.
Zoomer au maximum.
Peaufiner la distance du cadre au texte. Mettre le rectangle au second-plan. Effacer le contour. Colorier en gris.
Zoomer le côté gauche du rectangle.
Dessiner les dix premiers repères millimétriques, le dixième étant plus long.

Sélectionner et dupliquer les traits jusqu'à remplissage du bord supérieur du rectangle.
Modifier l'épaisseur du contour du texte.
Modifier l'épaisseur du contour des repères millimétriques.

3.2. Titre avec déformation du texte

L'exemple suivant traite de la déformation d'une écriture. Ici, le texte est décomposé, après quoi chaque lettre est travaillée individuellement. Prenez par exemple :

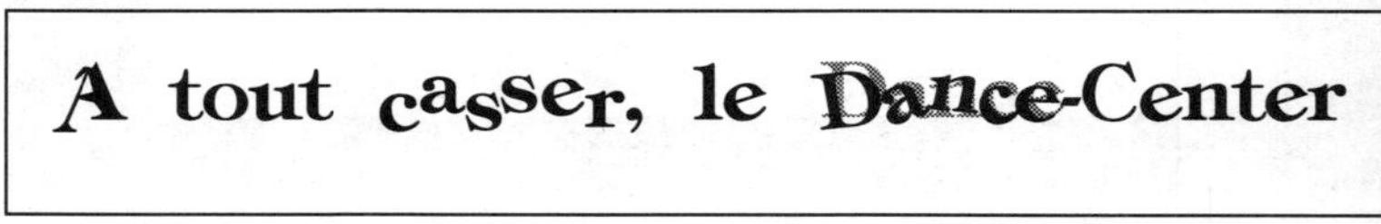

Titre avec déformation de texte

Commencer par le texte

Effacez le dessin précédent via *Fichier/Nouveau*, après sauvegarde éventuelle. Commencez par écrire le titre : sélectionnez l'outil-texte, cliquez sur un coin libre de la feuille, puis entrez dans la fenêtre de traitement de texte le libellé "A tout casser, le Dance-Center". Prenez la police Timpani et le style gras. Peu importe l'alignement. Comme taille, donnez à peu près 40 Pt. Cliquez sur OK.

Zoom

Ne touchez pas aux valeurs prédéfinies : remplissage en noir et contour invisible. Déplacez l'écriture au milieu de la page, et zoomez au maximum des possibilités.

Fenêtre de prévisualisation

Activez la fenêtre d'aperçu via [Maj] [F9], de façon à observer immédiatement le résultat de toutes les modifications. La taille de cette fenêtre est modifiable, comme pour toute fenêtre Windows, mais uniquement sur les bords haut et gauche. Placez le pointeur de souris sur le bord gauche de la fenêtre, jusqu'à ce qu'il change de forme.

Tirez le cadre vers l'extérieur de telle sorte qu'il occupe la totalité de l'écran de travail. Descendez ensuite le bord supérieur. Vous obtenez ainsi une fenêtre d'aperçu horizontale, ce qui est plus pratique pour la visualisation d'une ligne de texte.

Aide pour l'aperçu

Pour réorganiser la fenêtre de prévisualisation, vous disposez aussi d'outils, sous la forme d'un menu iconique, activable par *Afficher/Boîte à outils du visuel*.

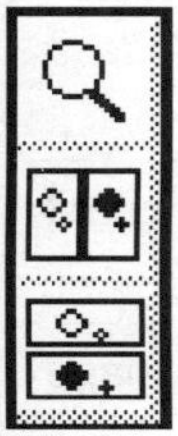

Ce menu d'icônes réorganise la fenêtre d'aperçu horizontalement ou verticalement, et ce d'un simple clic. Malheureusement, ce menu occupe une place précieuse sur l'écran (les ascenseurs aussi). Les programmeurs de CorelDRAW ont trouvé comme solution l'outil-loupe. Il fonctionne exactement comme la loupe de l'écran de travail, ce qui redonne tout son intérêt au menu iconique.

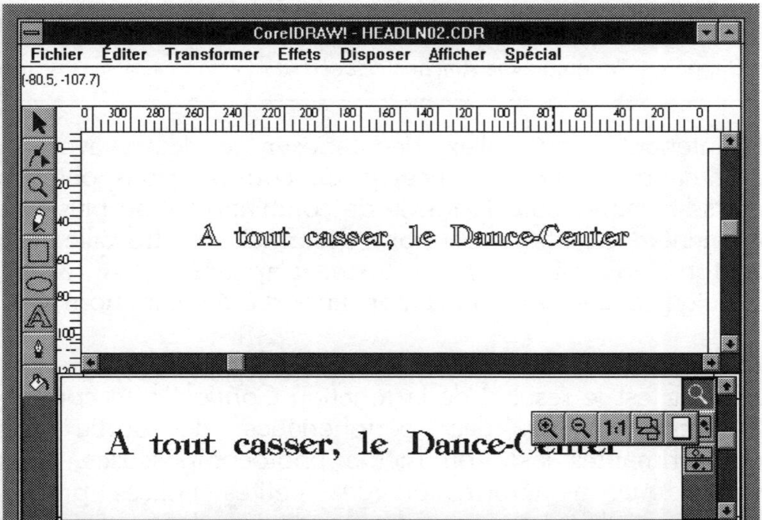

Fenêtre d'aperçu avec menu iconique et ascenseurs

Si vous avez zoomé dans la fenêtre de prévisualisation, la modification de taille se répercute aussi dans le mode d'aperçu plein-écran. Pour que la dimension du morceau se réadapte automatiquement à celle de la fenêtre de travail, il faut commencer par désactiver *la boîte à outils du visuel*.

Fenêtre de prévisualisation
Activer la fenêtre d'aperçu via *Afficher/Visuel* ([Maj] [F9]).
Afficher le menu iconique et les ascenseurs par *Afficher/Boîte à outil du visuel.*
Commuter entre les dispositions horizontale et verticale en cliquant sur les deux symboles au bas du menu.
Zoomer dans la fenêtre d'aperçu indépendamment de l'affichage dans la fenêtre de travail à l'aide de l'outil-loupe.
Désactiver l'agrandissement non synchronisé en supprimant la boîte à outil du visuel.
Supprimer l'aperçu avec *Afficher/Visuel* ([Maj] [F9]).

Transformer en courbes

Maintenant, vous allez décomposer le texte avec la commande *Disposer/Concertir en courbe*. Vous obtenez alors les lettres sous la forme de combinaisons de plusieurs éléments - le texte ne peut plus désormais être travaillé avec la fonction traitement de texte. L'aperçu, quant à lui, n'indique aucune différence par rapport à du texte normal.

Plus la police choisie avant la transformation est grande, meilleur est le résultat de la fonction *Convertir en courbe*. Si vous utilisez des périphériques de sortie tels qu'imprimantes laser ou même photocomposeuses, vous verrez que la déformation des petites polices produit beaucoup de coins ou de courbures de qualité très moyenne. Procédez donc comme suit : avant de transformer le texte, agrandissez-le au maximum... vous le remettrez à l'échelle plus tard.

Décomposer la combinaison

L'étape suivante consiste à exécuter la commande *Disposer/Eclater* (jusqu'alors le texte était manipulé comme un seul élément). La fenêtre d'aperçu vous montre que même les lettres creuses ont été décomposées. Vous voyez ici clairement la différence par rapport à la fonction de groupage : chaque intérieur de lettre est un élément qui prend naturellement les attributs de remplissage des autres.

Creux

Pour visualiser de nouveau les creux, il faudrait les amener au premier plan et les colorier en blanc. Mais il y aura par la suite un motif derrière l'écriture, et il ne doit pas être caché.

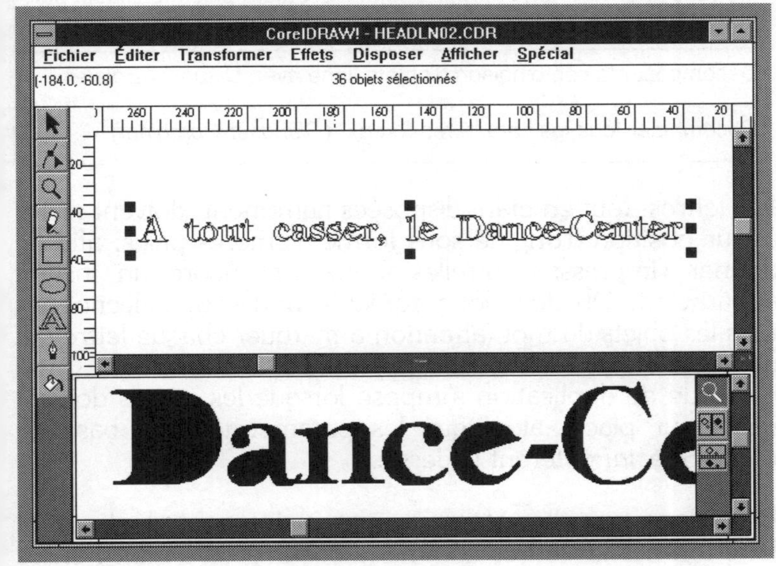

Texte décomposé et transformé en courbes

Recombiner des lettres isolées

Vous allez donc sélectionner tous les objets d'une lettre dont l'intérieur est noir, et les recombiner. On ne peut en effet "voir à travers" que s'il y a combinaison. Ce travail étant effectué, toutes les lettres sont individualisées. Zoomez donc le mot "Dance" au maximum. Vous pouvez désormais déplacer et faire tourner chaque lettre prise individuellement.

Décomposer le texte pour travailler les lettres une à une
Transformer le texte en une combinaison d'objets-ligne via *Disposer/Convertir en courbe*. L'objet n'est alors plus modifiable par la fonction traitement de texte.
Décomposer la combinaison d'objets-ligne avec *Disposer/Eclater*.
Recombiner tous les caractères "creux" (*Disposer/Combiner*).

Copier avec [+]

Les lettres, tout en étant disposées autrement, doivent rester à leur position d'origine sous forme d'ombres pâles, afin de donner l'impression qu'elles y étaient encore un instant auparavant. On doit donc copier à nouveau. Sélectionnez tous les objets du mot (attention à marquer chaque lettre), et utilisez cette fois la touche [+] du pavé numérique. Cette méthode de duplication s'impose lorsque les copies doivent rester sur place, alors que les paramétrages de base du menu *Spécial* diffèrent là-dessus.

Désactivez la grille. Vous pouvez maintenant déplacer et faire tourner les lettres comme le coeur vous en dit. Pensez seulement qu'il s'agit là de danse et non de l'exhibition d'un contorsionniste. Dès que les lettres sous les duplicatas sont prêtes, donnez leur un remplissage noir à 20 %.

Vous allez maintenant traiter le bloc "A tout casser". Zoomez-le, comme pour "Dance", au maximum. Vous allez rallonger les jambes du "A".

Mais avant de procéder à une telle manipulation du texte, vous allez effectuer une "copie de sécurité" du bloc - très simplement : sélectionnez tous les éléments, appuyez sur Ctrl D, et éloignez le duplicata. Au cas où vous auriez par trop chamboulé une lettre, vous la retrouveriez donc par ce moyen.

"Copie de sécurité" d'un bloc

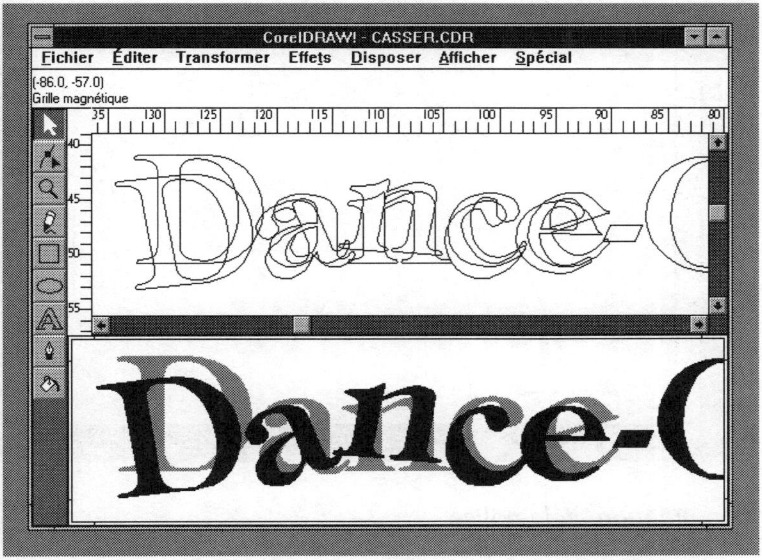

Le mot "Dance"

Prenez l'outil-chemin, et sélectionnez la lettre A. Ses noeuds de traitement apparaissent. Vous allez en déplacer certains. Vous avez probablement une vision insuffisante : activez donc la fenêtre d'aperçu et zoomez le A afin de le voir de plus près. Assurez-vous d'avoir désactivé la grille.

Déplacer les noeuds

Sélectionnez ensuite les six noeuds de la jambe gauche à l'aide de la fonction de capture, ou avec Maj (cela marche aussi avec l'outil-chemin). Cliquez maintenant sur un des noeuds sélectionnés et maintenez le bouton enfoncé : vous pouvez ainsi déplacer les noeuds, pendant que les deux

Déplacer plusieurs noeuds

droites s'étendent et se déplacent. Tirez la jambe de la lettre dans le prolongement des lignes vers le bas et vers la gauche.

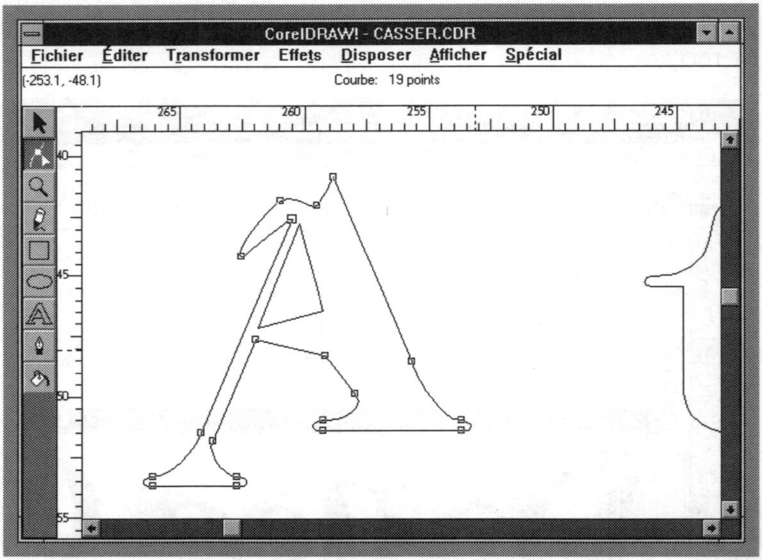

Manipulation de la police

Attaquez-vous ensuite aux autres lettres également. N'oubliez pas que le bloc doit rester lisible après l'intervention. Ne faites pas faire de yoga aux lettres. N'essayez pas non plus de tout étirer, ce qui est faisable d'ailleurs. Il vaut mieux passer régulièrement en mode plein écran par F9 ou zoomer le morceau d'image pour examiner le bloc. Faites un usage intense de la fonction *Défaire* avec Alt Backspace, dans le cas où le résultat ne vous convient pas.

Titre avec déformation de texte
Ecrire le texte avec une grande police, et le mettre à l'échelle de la largeur de la feuille.
Zoomer le morceau d'image au maximum des possibilités de représentation de l'écriture. Activer la fenêtre d'aperçu avec *Afficher/Visuel* ([Maj] [F9]).
Transformer l'élément de texte en une combinaison d'objets-ligne grâce à *Disposer/Convertir en courbe*. Décomposer la combinaison d'objets-ligne avec *Disposer/Eclater*. Recombiner tous les caractères creux (*Disposer/Combiner*).
Dupliquer les lettres avec le [+] numérique, les transplanter et les faire tourner.
Dupliquer les lettres à travailler de façon à avoir un double de sécurité.
Modifier la forme des lettres en déplaçant les noeuds avec l'outil ad hoc.

3.3. Titre longeant une ligne

Le troisième exemple de titre montrera comment faire coller une ligne de texte à une courbe, ainsi que d'autres possibilités de traitement des noeuds.

Trois objets seulement

Le graphique ne comprend que trois objets : le cadre, la police et la "vague". S'ajoute à cela une ligne auxiliaire qui sera effacée une fois le dessin terminé.

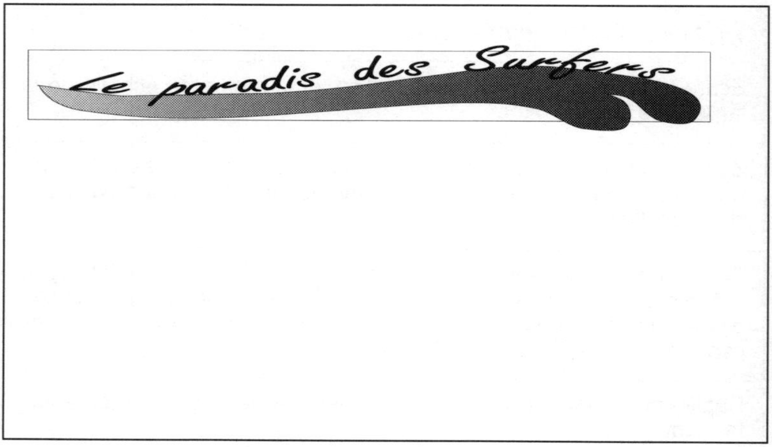

Titre le long d'une ligne

Tracer une droite

Vous commencerez par cette dernière : après avoir sauvé le titre précédent et réinitialisé l'espace de travail, tracez un trait depuis le bord gauche jusqu'au bord droit.

Prenez l'outil-crayon, et cliquez une seule fois avec le réticule à environ un centimètre du bord gauche de la page. Placez l'autre extrémité du trait à un centimètre à peu près avant le bord droit, ceci par un autre clic.

Transformer le trait en courbe de Bézier

Activez l'outil-chemin et faites un double clic sur la droite que vous venez de tracer. S'ouvre alors le menu de traitement de noeud, dans lequel vous choisirez le bouton *A la courbe*. La droite est désormais métamorphosée en courbe que vous pouvez altérer avec les deux poignées entre les deux noeuds (elles sont sur la ligne). A l'aide du curseur-chemin, cliquez sur une de ces poignées et éloignez-la de la ligne en maintenant l'appui sur le bouton de souris.

Façonnage de la courbe de Bézier

Vous allez pouvoir maintenant façonner librement la courbe de Bézier existante. En déplaçant la poignée vous modifiez l'angle de départ de la ligne. Selon que vous l'éloigniez ou l'approchiez du noeud, vous changez l'intensité avec laquelle la courbe de Bézier suit l'angle avant de prendre la direction du noeud suivant.

Occulter la ligne de base

En fin de compte, votre ligne doit ressembler à une sinusoïde aplatie. Comme elle servira à aligner le texte, elle n'a pas besoin d'être visible. Cliquez donc sur l'outil-contour, puis sur la case munie d'une croix.

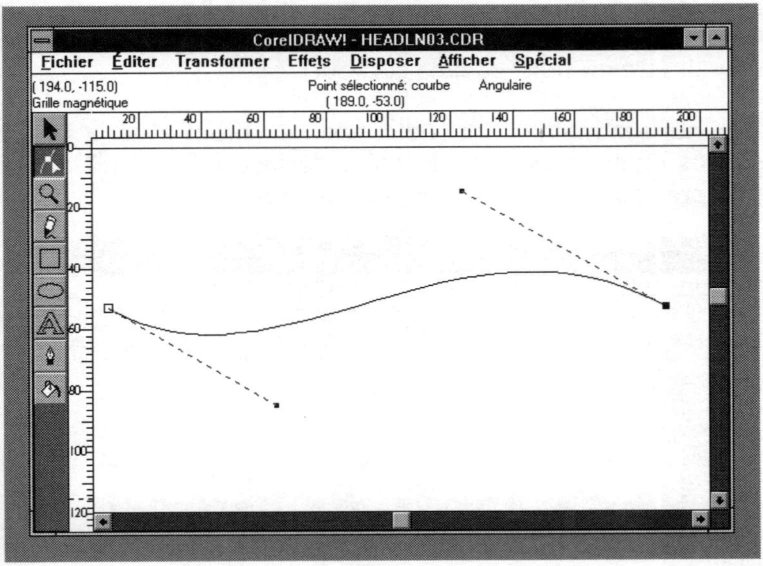

Dessin de la ligne auxiliaire

Courbe de Bézier
Tracer une droite avec l'outil-crayon : un clic pour fixer l'origine, un second pour l'extrémité.
Activer l'outil-chemin et cliquer deux fois sur la droite.

Cliquer le bouton *A la courbe* dans le menu *Editer un point*.
Façonner la courbe en déplaçant les poignées, le bouton de souris restant appuyé.

Ecriture

Au tour du texte. Vous allez le créer contre la ligne auxiliaire à l'aide de la fonction *Accoler le texte*. Il faut pour cela commencer par le saisir : activez l'outil-texte, et cliquez au-dessus du milieu de la ligne. Dans la fenêtre traitement de texte, entrez le libellé "Le paradis des surfers". Choisissez la police Freeport (Normal), avec un corps d'environ 60 pt. Il est vital ici de choisir l'alignement centré. Cliquez ensuite sur OK. Suivant en cela les paramétrages par défaut, la police devrait être en noir, et sans contour.

Mise à l'échelle

Agrandissez maintenant l'objet-texte en tirant avec la flèche sur les quatre poignées de coin, de façon à ce qu'il soit à peu près aussi long que la ligne auxiliaire.

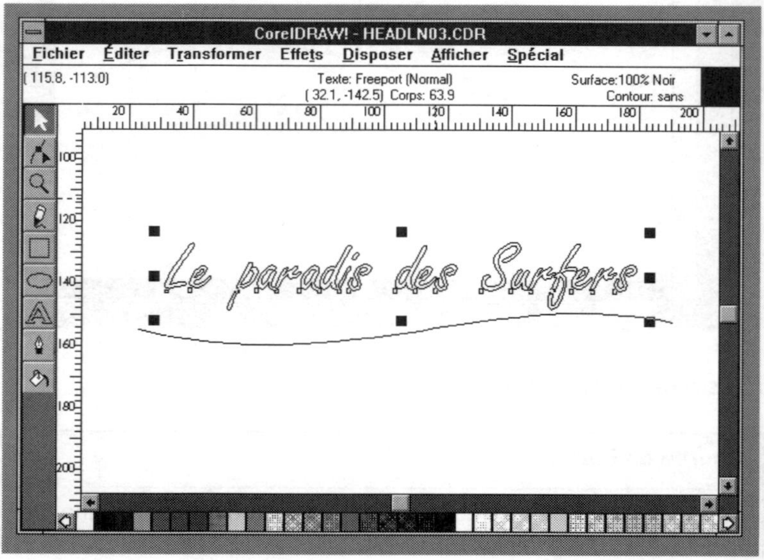

La ligne de texte est prête

Coller le texte à la ligne

Sélectionnez ensuite le texte et la ligne auxiliaire tout à la fois. C'est une condition indispensable pour pouvoir mener à bien la commande *Disposer/Accoler le texte*. Après quelques instants de recalcul, CorelDRAW réécrit le texte le long de la ligne.

Même si le texte n'est pas long, il est centré par rapport à la ligne de base. Ceci grâce à l'alignement centré précédemment défini.

Si le texte se trouve être plus long que la ligne auxiliaire, les lettres de début et de fin ne trouvent pas d'appui sur la ligne. Dans ce cas, utilisez soit la commande *Défaire* (`Alt` `Backspace`), soit, s'il est impossible d'annuler, la commande *Défaire/Aligner sur la ligne de base*.

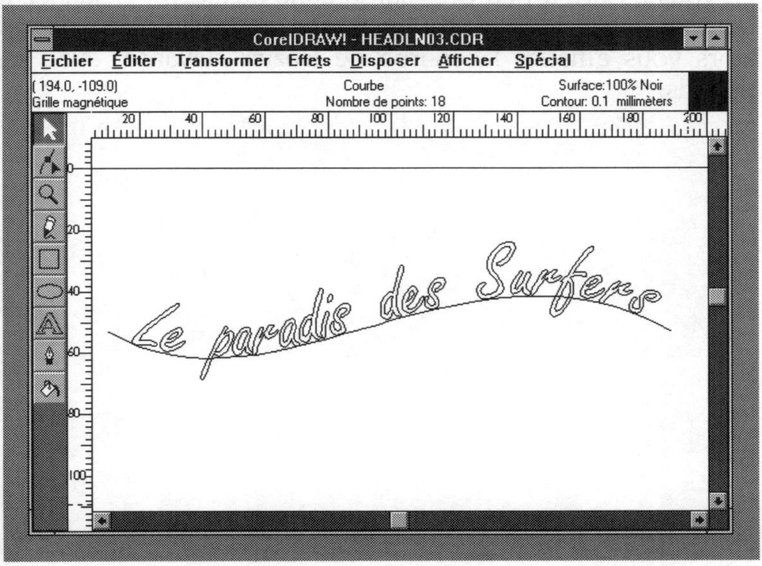

Ecriture contre la ligne

Lignes à main levée

Voici maintenant le point le plus délicat : la vague. Vous allez d'abord dessiner à main levée une ligne que CorelDRAW décomposera automatiquement en plusieurs courbes de Bézier. Leurs noeuds seront ensuite traités à l'aide de l'outil-chemin. Votre patience va être mise à rude épreuve. Avec un peu d'entraînement, vous allez cependant vite comprendre ce thème complexe qu'est la manipulation des noeuds. Même les professionnels confirmés doivent s'y reprendre souvent à deux fois avant d'arriver au résultat souhaité.

Choisissez l'outil-crayon. Tracez à quelque distance sous l'écriture une lente ondulation qui sera la "vague" dans cet exemple. Commencez la ligne sur le côté gauche. En maintenant le bouton de souris enfoncé, dessinez la forme en vous basant à peu près sur la ligne auxiliaire. Relâchez le bouton, puis activez l'outil-chemin. CorelDRAW devrait alors vous afficher la courbe de Bézier suivante, avec ses noeuds.

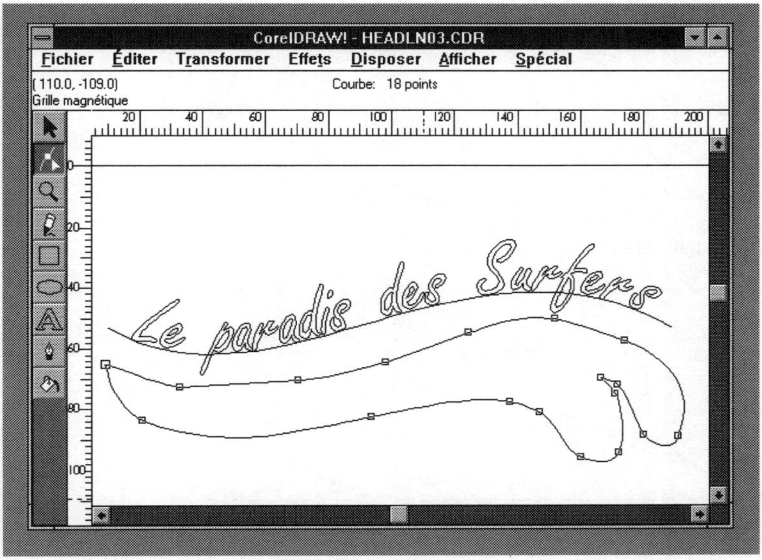

Ligne à main levée

Lier les noeuds

La première manipulation avec l'outil-chemin consiste à relier les noeuds de début et de fin. Disposez-les le plus possible l'un au-dessus de l'autre, sélectionnez-les avec la fonction de capture, cliquez deux fois dessus et prenez l'option *Joindre* dans le menu *Editer un point*. Si par hasard ce bouton n'était pas accessible, vérifiez si vous n'avez pas sélectionné un seul noeud ou plus de deux, ou bien si les noeuds de début et de fin ont bien été pris. Il peut arriver aussi, par exemple, que l'avant-dernier noeud et le dernier soient placés au même endroit.

Objet fermé

La ligne de contour étant maintenant fermée, l'objet est coloriable. Prenez d'abord du noir afin que dans l'étape suivante, il s'agit du traitement des noeuds, le résultat soit mieux visible dans la fenêtre d'aperçu.

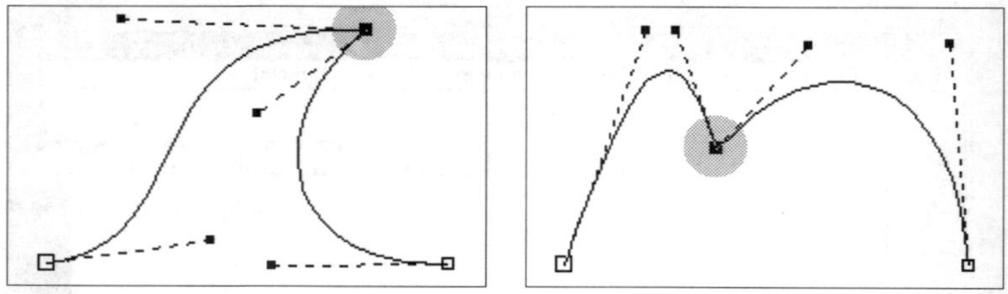

Noeud de coin

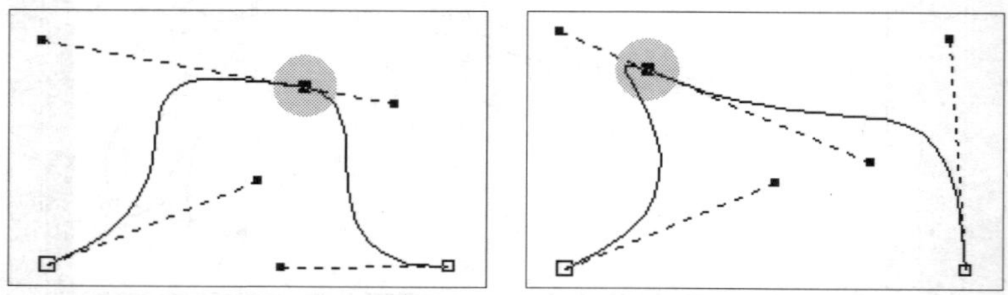

Noeud lissé

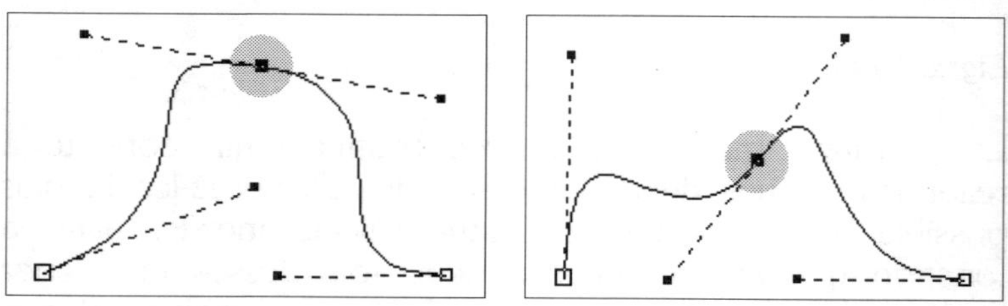

Noeud symétrique

Types de noeuds

Activez maintenant l'un ou l'autre noeud, et essayez de déplacer ses poignées. Vous remarquerez qu'il existe différents noeuds sur la ligne : noeuds de coin, noeuds de symétrie ou noeuds de courbure (lissés).

Lissage de la ligne

Il faut vous assurer que tous les noeuds, à l'exception des noeuds de début et de fin précédemment reliés et du noeud correspondant à l'incision sur l'autre côté de l'objet (il doivent rester des noeuds de coin), sont des noeuds de courbure. Sélectionnez-les tous avec la fonction de capture ou avec `Maj`, puis cliquez deux fois sur l'un d'entre eux. Dans le menu de traitement de noeud, activez le bouton *A la courbe*. Vous obtenez, ce faisant, qu'apparaisse sur chaque côté d'un noeud, même sur un noeud de ligne droite, une poignée librement déplaçable. Ensuite, refaites un double clic sur l'une des poignées pour retourner dans le menu de traitement de noeud. Cette fois, choisissez le bouton *Continu(e)*, et tous les noeuds sélectionnés sont adoucis.

Suppression des noeuds superflus

L'étape suivant consiste à supprimer les noeuds en trop, à savoir un noeud parmi deux noeuds trop proches. En effet, moins une courbe de Bézier a de noeuds, et plus son tracé est "doux". Pour cela, vous sélectionnez le noeud à détruire et appuyez sur `Suppr`. Vous pouvez aussi passer par le menu de traitement de noeud, qui contient un bouton *Supprimer*. Essayez de ne conserver que les noeuds vraiment nécessaires. Pensez à une ellipse que vous avez modifiée avec la fonction *Convertir en courbe* : elle ne se compose que des noeuds indispensables, à savoir quatre.

Patience exigée

Vous allez maintenant devoir faire preuve de patience et de perfectionnisme. Tirez, tournez et déplacez les noeuds et leurs poignées afin d'obtenir la forme de la vague. Un peu d'entraînement, et ça viendra. Ouvrez la fenêtre d'aperçu, et/ou zoomez les détails de la courbe de façon à obtenir le meilleur résultat qui soit.

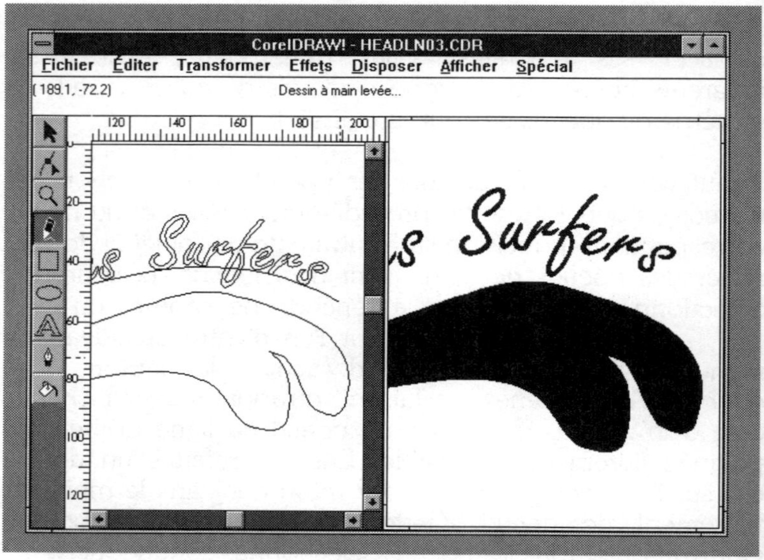

Travail de finesse : traitement des noeuds

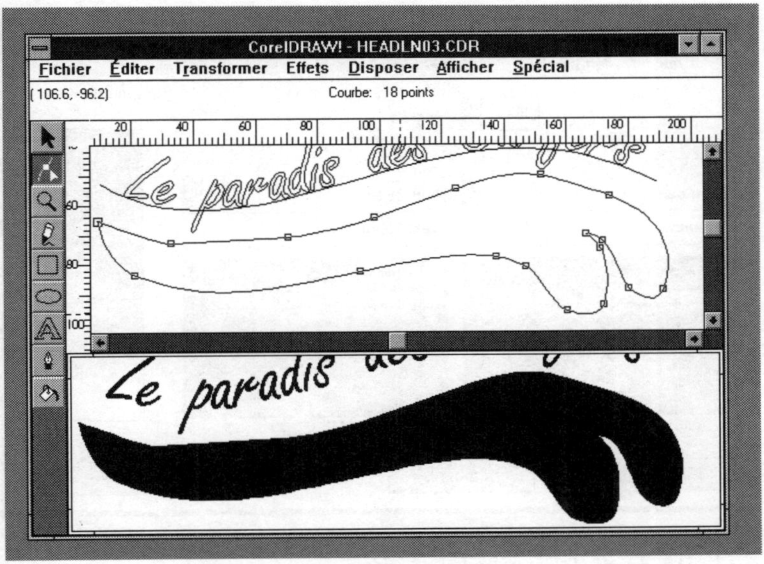

La "vague" enfin achevée

Remplir la "vague"

Il ne manque plus que le remplissage de la "vague". Cela sera obtenu par un coloriage progressif (la couleur étant réglée sur zéro). Activez donc l'objet avec la flèche, puis cliquez sur l'outil de remplissage et enfin sur l'icône de *Dégradé* (l'avant-dernière). Surgit alors la très riche boîte de dialogue consacrée au *Dégradés*.

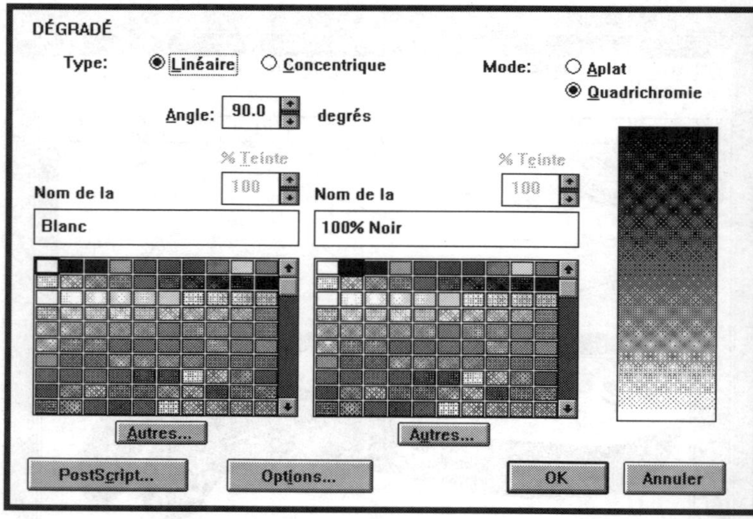

La boîte de dialogue de Dégradés

Type de progression

Sous la rubrique *Type*, choisissez *Linéaire* : il s'agit d'un coloriage à variation progressive du début vers la fin. Le contraire est *Concentrique* : là le coloriage varie progressivement par cercles concentriques depuis le milieu de l'objet.

Angle de progression

Dans *Angle*, donnez une valeur de 280 degrés. On ne peut indiquer d'angle que dans un coloriage linéaire, les valeurs possibles allant de 0 à 360 degrés.

Méthode

Dans *Mode*, vous avez deux possibilités de coloriage à votre disposition. Les deux modèles sont baptisés *Aplat* et *Quadrichromie*. La différence tient à ceci :

- avec la première méthode, chaque couleur est imprimée en un seul passage;
- avec la seconde méthode, chaque couleur est décomposée en ses quatre couleurs fondamentales cyan, magenta, yellow, black (bleu, rouge, jaune, noir) et imprimée en quatre passages. Ce procédé s'appelle la séparation chromatique.

Avec *Aplat*, la couleur sera imprimée telle que la prévoit le dessin. Avec l'autre procédé, toutes les couleurs sont remplacées à l'impression par leurs quatre composantes fondamentales, d'où le nom de quadrichromie.

Couleur et intensité

Pour un document noir et blanc, on suppose que c'est le cas ici, il faut éviter les couleurs. A l'impression, en effet, il est difficile de rendre la plupart des contrastes. C'est pourquoi vous prendrez la méthode *Aplat*, vous cliquerez sur la couleur noire dans la palette, et enfin vous entrerez les valeurs 10 dans *%Teinte*(gauche) et 80 dans *%Teinte*(droite).

Fenêtre de contrôle

La fenêtre sur le côté droit vous affiche le résultat de vos réglages, l'affichage étant bien sûr soumis aux limitations des couleurs de Windows.

Prêt !

Un clic sur OK, et la vague est terminée. Il n'y à plus qu'à la placer sous l'écriture. Vous pouvez à tout moment peaufiner le résultat. Vous obtiendrez un effet esthétique en plaçant la vague à l'arrière-plan et le texte à moitié devant.

Suivant votre goût, vous tracerez ensuite un mince cadre afin de donner à l'ensemble une certaine consistance. Cela rend mieux si le cadre est un peu plus petit, de sorte que le texte dépasse en haut et la vague des deux côtés. Ensuite, il faudra placer le cadre à l'arrière-plan.

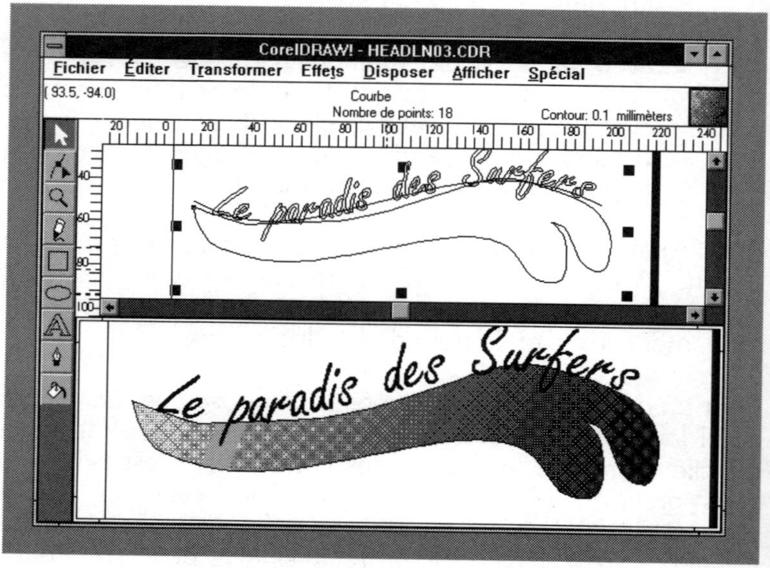

La vague est définitivement terminée

Aligner le texte contre une ligne
Dessiner une ligne auxiliaire horizontale avec le crayon, du bord gauche au bord droit.
Cliquer deux fois sur la ligne avec l'outil-chemin et la transformer en courbe de Bézier en cliquant sur le bouton *A la courbe* du menu *Editer un point.*
Façonner la courbe de Bézier en déplaçant les poignées afin d'en faire une sinusoïde aplatie.
Supprimer la couleur du contour.

Créer la ligne de texte avec l'alignement centré et l'agrandir à la largeur de la courbe de Bézier.
Aligner le texte contre la ligne auxiliaire : sélectionner le texte et la ligne. Lancer *Disposer/Accoler le texte*.
Dessiner à main levée une ligne dont l'aspect est approximativement celui de l'objet à produire.
Relier les noeuds de début et de fin de la ligne à main levée, et colorier l'objet de manière adéquate.
Lisser la ligne: sélectionner tous les noeuds à aplanir. Cliquer deux fois sur un des noeuds. Activer le bouton *A la courbe*. Recliquer deux fois sur un noeud et activer le bouton *Continu(e)*.
Supprimer les noeuds superflus en les sélectionnant et en activant le bouton *Supprimer* du menu noeud (ou par appui sur `Suppr`).
Façonner la ligne complète en déplaçant les poignées des noeuds pris un à un.
Remplir l'objet avec un coloriage progressif : activer la boîte de dialogue *Dégradés* en cliquant sur l'outil-remplissage, puis sur l'icône des dégradés.

4. Tableaux (d'après le tableau des raccourcis clavier)

Naturellement, CorelDRAW permet aussi de créer des tableaux. Dans le cas, par exemple, d'un tableau contenant de nombreux éléments graphiques, la plupart des traitement de texte sont vite dépassés.

Tableau des raccourcis clavier

Commande		Hotkey
Fichier	Sauvegarder	Ctrl S
	Imprimer...	Ctrl P
Éditer	Défaire	Alt Back
	Répéter	Ctrl R
	Copier	Ctrl Ins
	Insérer	Shift Ins
	Annuler	Del
	Dupliquer	Ctrl D
	Éditer le texte...	Ctrl T
Disposer	Premier plan	Shift PgUp
	Arrière-plan	Shift PgDn
	Vers l'avant	PgUp
	Vers l'arrière	PgDn
	Associer	Ctrl G
	Dissocier	Ctrl U
	Aligner...	Ctrl A
Afficher	Grille magnétique	Ctrl Y
	Visuel	Shift F9
	Visuel plein écran	F9

Par contre, dans le cas d'un tableau avec beaucoup de texte et peu de cadres ou de coloriages, il est plus rapide de passer par un traitement de texte. Il s'agit donc de décider de quel type sera le tableau souhaité. Quoiqu'il en soit, c'est un bon exercice que de sonder les possibilités de CorelDRAW.

Le tableau suivant présente les touches de fonction les plus importantes de CorelDRAW - elles suffisent pour cet exercice. La liste complète est donnée en annexe. Là aussi, le tableau sera dessiné à grande échelle. Une fois achevé, il sera exporté dans le format graphique utilisé, afin de pouvoir être récupéré dans d'autres logiciels.

4.1. Le texte

D'abord la seconde colonne

Vous allez commencer par la deuxième colonne de texte. En effet, vous aimeriez augmenter l'interligne : pour cela, chaque ligne doit contenir quelque chose afin que vous puissiez mieux juger des espacements. Activez l'outil-texte et cliquez sur le haut de la page vierge affichée à l'écran. Entrez les dix-neuf commandes, séparées par `Entrée`. Prenez la police Switzerland (Normal) avec une taille de 18 pt.

Augmenter l'interligne

Cliquez maintenant sur le bouton *Espacement*. Dans le sous-menu qui apparaît alors, entrez la valeur 140 % pour l'Interligne. Quittez ce menu via OK. Vous faites de même avec la boîte de dialogue de traitement de texte. Avec un interligne égal à 140 % du corps de la police, les lignes sont davantage espacées. Ce qui fait que les cabochons des touches s'insèreront plus tard beaucoup mieux.

Suivant en cela les paramétrages par défaut, la police doit être remplie par du noir et dépourvue de contour. Après ce premier élément-texte, au tour des deux autres colonnes du tableau.

Copier les attributs d'autres objets

Tapez ensuite la première colonne du tableau comme un nouvel élément-texte. Appuyez plusieurs fois sur `Entrée`, afin d'avoir des lignes blanches. Vous allez ensuite copier tous les attributs de la seconde colonne.

Pour cela, vous utiliserez la commande *Editer/Copier le style de...*. Cochez les quatre cases de la boîte de dialogue, puis faites OK. A l'aide de la pointe de la flèche qui est apparue, cliquez sur un élément de la deuxième colonne.

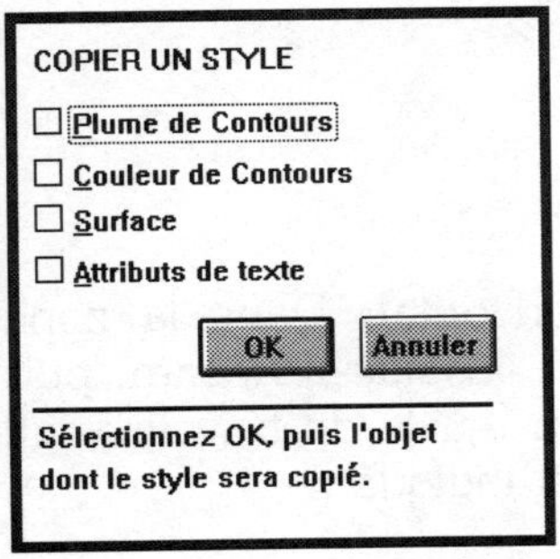

Copie de tous les attributs de l'objet

Pour continuer le dessin du tableau, il vous faut des lignes auxiliaires. Elles vont servir au positionnement horizontal ou vertical. Si vous déplacez un objet perpendiculairement à leur alignement, il reste "collé" contre la ligne auxiliaire un bref instant après le mouvement de la souris. C'est avec ces lignes que vous allez plus tard aligner le texte et les touches.

Placer les lignes auxiliaires

Commencez par définir une ligne auxiliaire horizontale, à 240 mm au-dessus du bord inférieur de la feuille : activez *Afficher/Précision des repères*, Dans la nouvelle boîte de dialogue, vous pouvez placer des lignes auxiliaires à des positions bien précises, en enlever ou en déplacer.

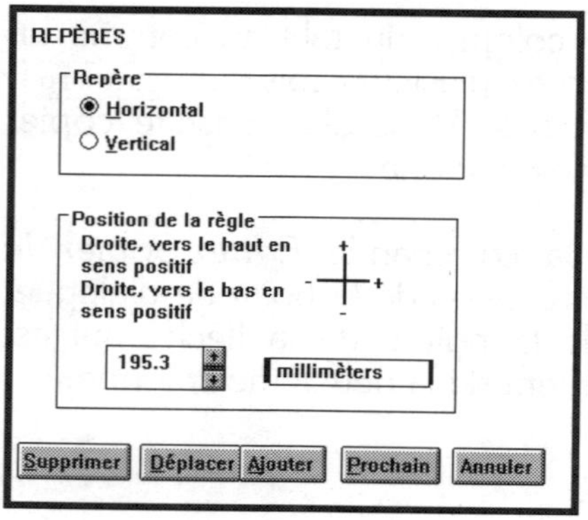

Boîte de dialogue Précision des repères

Dans la zone Repère, cliquez Horizontal. Dans la zone *Position de la règle* entrez la valeur absolue 240 mm, puis cliquez sur le bouton Ajouter. Sur la feuille de travail surgit une ligne droite bleue juste à l'endroit indiqué.

Vous êtes supposé avoir les options prédéfinies, telles qu'elles furent présentées au chapitre 1.5. Si par hasard vos lignes auxiliaires se retrouvaient placées à d'autres endroits, ou bien si vous aviez des règles graduées en pouces, revoyez ce chapitre.

Une méthode simple pour placer des lignes auxiliaires

Vous allez ensuite disposer deux autres lignes auxiliaires verticales aux positions 40 et 80 millimètres : hélas, le menu des lignes auxiliaires ne permet que le traitement des lignes individuelles, ce qui peut être très pénible pour la création de lignes multiples. Il y a tout de même un raccourci : cliquez avec l'outil-flèche sur la règle verticale, maintenez l'appui sur le bouton de souris, et déplacez la souris vers la droite. Le pointeur de souris tire alors une nouvelle ligne auxiliaire. Si vous zoomez l'écran suffisamment pour que les règles affichent des graduations millimétriques, alors le positionnement de la ligne auxiliaire pourra se faire avec une grande précision.

Déplacer les lignes auxiliaires

Déplacer une ligne auxiliaire est aussi simple que déplacer n'importe quel objet : cliquez dessus avec la flèche, puis bougez la souris en gardant le bouton appuyé.

Aide au positionnement

Activez maintenant dans le menu *Afficher*, en plus de la *Grille magnétique*, la fonction *Repères de lignes*. Il devient alors très facile de placer les deux éléments de texte dans l'espacement précédemment déterminé, en vis-a-vis et à la même hauteur. La ligne auxiliaire "happe" la base de la première ligne de chaque élément de texte, du moment que vous déplacez l'objet à proximité immédiate.

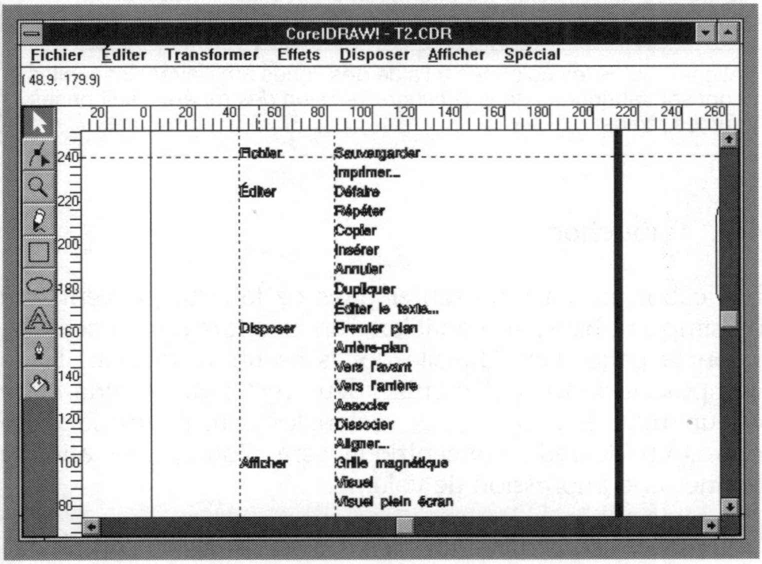

Attraction des objets par les lignes auxiliaires

Texte du tableau
Saisir les libellés de la colonne la plus fournie en texte, afin d'aligner dessus les colonnes suivantes.
Fixer les attributs : police, style, corps, alignement.
Augmenter l'interligne : sous *Espacement*, entrer un certain pourcentage par rapport au corps de la police.
Vérifier le remplissage et le contour.
Entrer les autres colonnes et emprunter tous les attributs de la première.
Aligner toutes les colonnes à l'aide des lignes auxiliaires, lesquelles sont soit fabriquées dans *Afficher/Précision des repères*, soit prises sur les règles.

4.2. Cabochons

Les cabochons à représenter dans ce tableau peuvent être de simples objets, susceptibles d'un très fort rétrécissement, selon la page dans laquelle doit s'insérer le tableau. Ils se composent de trois éléments : deux rectangles et une lettre ou un mot. Les coins des rectangles seront arrondis. En outre, un dégradé concentrique sera ajouté, ceci afin de donner une impression de volume.

Dessin de l'original

Vous allez construire un des objets hors du graphique proprement dit, en rétrécir une copie à la dimension souhaitée et l'insérer dans le dessin. L'original reste ainsi intact pour des modifications ultérieures, et de plus il n'est pas imprimé avec le dessin. Il faut d'abord dessiner une large touche pour les touches de fonction et de déplacement. Fenêtrez votre écran de façon à avoir un volet à côté de la feuille affichée.

Premier rectangle

Cliquez sur l'outil-rectangle et tracez un rectangle de 110 mm sur 53, ceci à côté de la page. Basez-vous sur la barre d'état. Pour un travail très précis, zoomez le rectangle au maximum. Donnez à l'objet un contour d'épaisseur 0.1 mm.

Deuxième rectangle

Dessinez maintenant un second rectangle de 98 mm sur 47, à l'intérieur du premier. Déplacez le rectangle de telle sorte que les intervalles entre les deux rectangles soient : 2 mm en haut, 4 à gauche, 8 à droite, et 4 en bas.

Arrondir les angles

Il faut maintenant arrondir les coins des rectangles. Pour cela, cliquez sur l'outil-chemin, pointez un des noeuds de coin du rectangle intérieur et tirez-le au milieu. Ceci a pour effet d'arrondir les quatre coins du rectangle. Basez-vous sur les indications de la barre d'état, laquelle affiche le rayon. Relâchez le bouton de la souris, lorsque vous aurez un rayon de 8 mm.

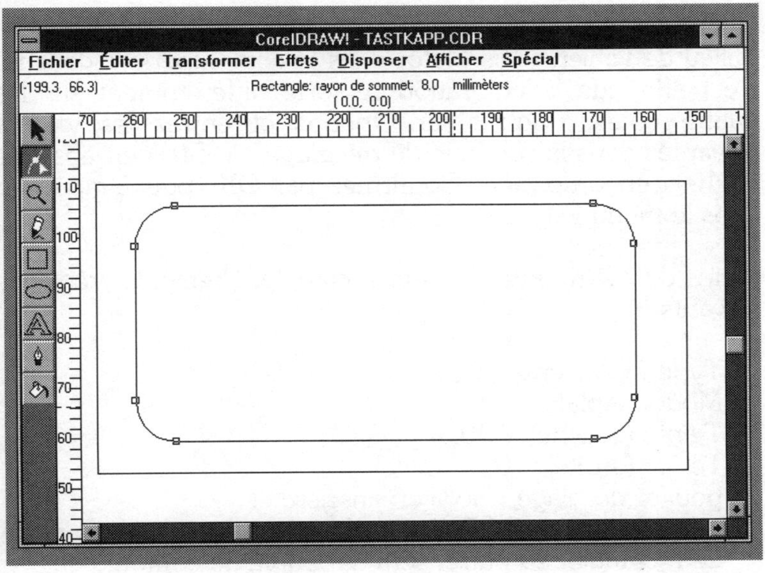

Arrondir les coins du rectangle

Faites de même avec le rectangle extérieur. Point besoin d'activer l'outil-flèche : vous pouvez sélectionner un autre objet avec l'outil-chemin. Arrondissez les coins du grand rectangle en prenant un rayon de 10 mm.

Dégradé concentrique

Il faut maintenant remplir les deux objets avec un dégradé concentrique. Pour cela, sélectionnez le grand rectangle avec l'outil-flèche, cliquez sur l'outil-remplissage, puis sur l'icône de dégradé (à côté de PS). S'ouvre alors la boîte de dialogue bien connue *Dégradé*. Prenez les paramètres suivants :

Type : Concentrique,
Mode : Aplat,
Teinte (gauche) : 50,
Teinte (droite) : 0,
toutes les deux avec la couleur noire.

Décalage du centre

Quant au centre du dégradé, il ne faut pas le placer au milieu de l'objet, mais plutôt dans le coin supérieur gauche. Ceci afin que la coloration ressorte différemment sur les quatre côtés. Cliquez sur Options et entrez les valeurs suivantes dans la rubrique de *décalage* : : -50% en abscisse et 40% en ordonnée. Confirmez par OK, puis à nouveau dans le menu *Dégradé*.

Faites de même avec le petit rectangle. Prenez les réglages suivants :

Type : Concentrique,
Mode : Aplat,
Teinte (gauche) : 30,
Teinte (droite) : 0,
pour le décalage : 36% en abscisse et
27% en ordonnée.
Le rectangle, en outre, sera dépourvu de contour.

La touche est terminée : il ne manque plus que le texte. Choisissez l'outil-texte, puis cliquez au milieu de la touche. Apparaît la boîte de dialogue de texte. Dans le champ texte, entrez le nom de la touche : `Home` par exemple. Comme police, prenez "Switzerland-Inserat", avec un corps de 80 pt. Prenez enfin un alignement centré.

Texte des touches...

Ouvrez la fenêtre d'aperçu, et placez le texte au milieu de la touche grâce à la visibilité accrue. Pour l'alignement du texte, vous prévoyez Centré, ceci afin de ne pas avoir à replacer le texte au milieu, pour le cas où le descriptif serait allongé ou raccourci ultérieurement.

...à placer au milieu

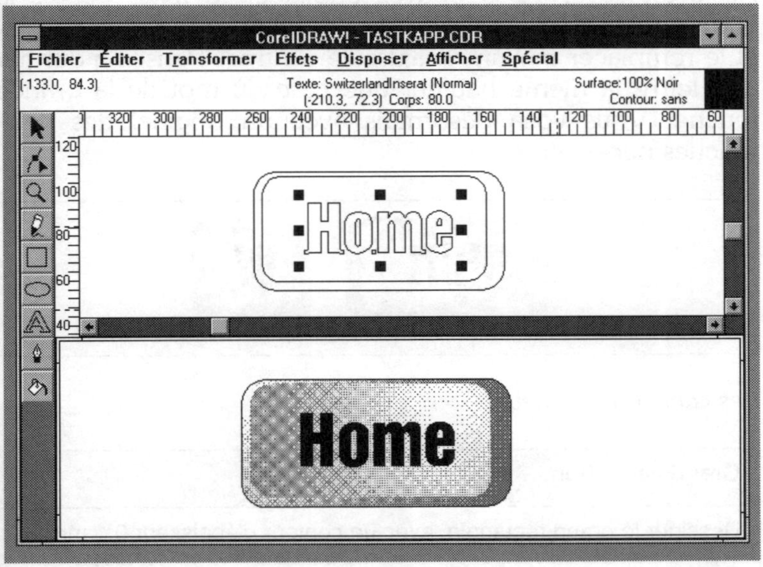

La touche est terminée

Il vous faut aussi une petite touche pour les lettres. On pourrait envisager très simplement de dupliquer la grande touche, puis d'aplatir les rectangles du duplicata. Mais ceci déformerait les coins. Il n'y a donc pas d'autre solution que de redessiner les deux rectangles. Pour le rectangle

On demande une petite touche

extérieur : 61 mm de large. Pour le rectangle intérieur : 49 mm de large. Les hauteurs sont identiques à celles de la touche précédente : 53 et 47. Pour les coins, pas de changement : rayon à 10 mm pour le grand rectangle, rayon à 8 mm pour le petit.

Reprise des attributs

Vous pourrez reprendre les remplissages des deux rectangles de la grande touche. Utilisez pour cela, comme précédemment pour la copie des attributs de texte, la commande *Editer/Copier le style de....* Prenez ici *Plume de contours*, *Couleur de contours* et *Surface*.

Possibilité de copie du texte

Reste la lettre. Vous pouvez dupliquer le texte depuis la grande touche ([Ctrl][D]), puis modifier le mot ([Ctrl][T]) et le remplacer par une majuscule centrée. Pensez à donner à la lettre la même hauteur que celle du mot de la grande touche. Vous voilà désormais avec un original des deux touches nécessaires.

Les cabochons achevés

Grand cabochon
Dessiner le grand rectangle, avec un contour d'épaisseur 0,1 mm.
Dessiner le petit rectangle sans contour à l'intérieur du grand rectangle.
Arrondir les coins des deux rectangles en cliquant sur un noeud de coin et en le déplaçant avec l'outil-chemin.

Donner aux deux rectangles des dégradés concentriques différents, avec décalage des centres.
Saisir et placer le texte descriptif de la touche.

Petit cabochon
Dessiner le grand et le petit rectangle.
Arrondir les angles avec l'outil-chemin.
Reprendre les attributs de remplissage et de contour du grand cabochon : *Editer/Copier le style de....*
Duplication du texte du grand cabochon.

4.3. Insertion des cabochons

Beaucoup de travail pour l'imprimante

A dire vrai, les cabochons sont devenus beaucoup trop complexes (mais beaux). Si vous les rétrécissez maintenant à des dimensions de l'ordre du centimètre, une imprimante laser avec sa résolution de 300 dpi montrera vite ses limites. En outre, le calcul des dégradés prendra nettement plus de temps qu'avec des motifs simples. Prévoyez cette durée si vous devez imprimer un graphique muni de nombreux dégradés (dans ce tableau, ils sont fort nombreux).

Dupliquer et rétrécir

Les cabochons vont maintenant être placés dans la troisième colonne du tableau. Commencez par dupliquer les deux originaux, et disposez les copies à côté du tableau. Rétrécissez-les maintenant toutes les deux à la dimension approximative d'une hauteur de ligne (proportionnellement). Ensuite, placez-les à peu près à la hauteur de la première ligne, et plus loin.

Chaque touche a trois éléments. Faites bien attention, lors du rétrécissement et du déplacement, à toujours sélectionner ces trois objets. Grouper les éléments n'est pas une bonne idée, puisqu'il faudra à plusieurs reprises dupliquer et modifier le descriptif.

Zoomez le volet d'écran, afin de pouvoir ensuite mettre les deux cabochons à une hauteur de six millimètres. Il s'agit de la dimension définitive de toutes les touches du tableau. Désormais, il ne reste plus qu'à modifier le libellé des touches.

Autres lignes auxiliaires

Afin de faciliter le positionnement de toutes les touches, placez deux lignes auxiliaires verticales aux positions 148 et 164 mm sur la règle horizontale. Désactivez ensuite la *grille magnétique* : à partir d'ici, vous n'avez besoin que des repères de lignes. Vous pouvez alors facilement disposer vos touches, sans devoir "viser". Le raccourci-clavier de la première ligne "Fichier-Sauvegarder" est [Ctrl][S] : modifiez ensuite le descriptif via [Ctrl][T]. Etant donné que l'élément-texte est centré, vous n'avez pas besoin de le repositionner.

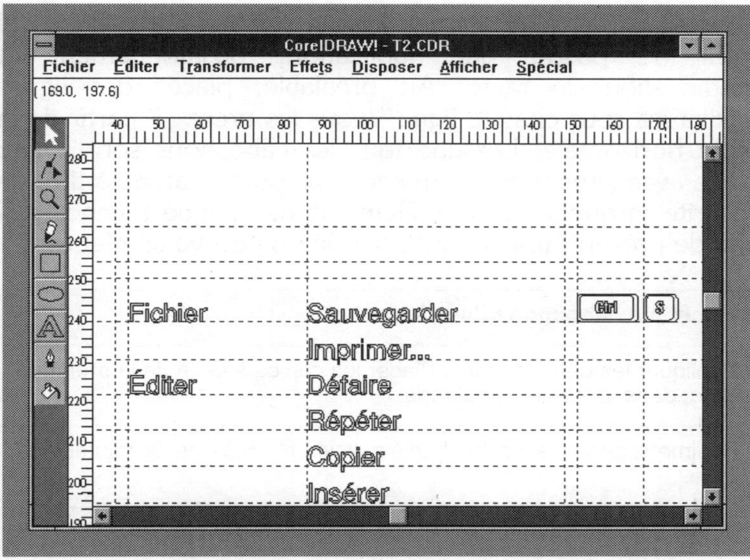

Positionnement précis avec les Repères de lignes

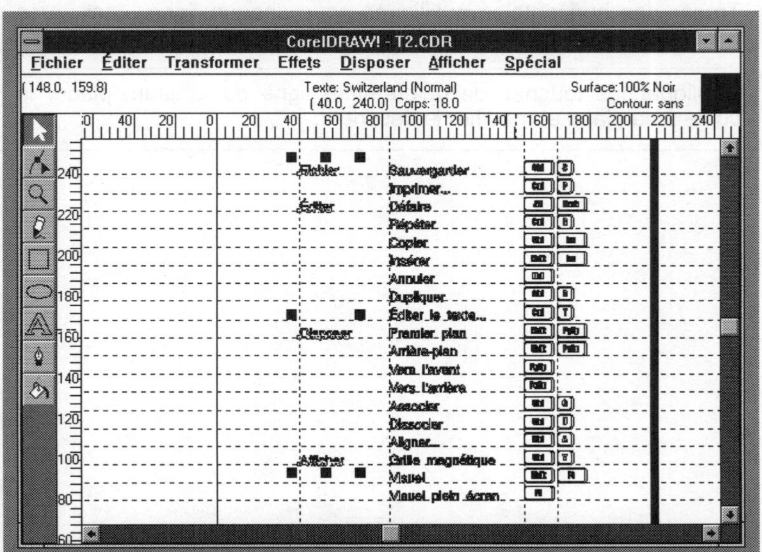

Toutes les touches avec les lignes auxiliaires

Pour placer ensuite les cabochons sur les autres lignes, il suffit de passer par duplication, positionnement et modification de texte. Au préalable, placez des lignes auxiliaires sous chaque ligne : vous les tirerez à partir de la règle horizontale. Lorsque tous les cabochons sont à leur place avec leurs noms corrects, vous pouvez alors, à titre de sécurité, grouper les trois éléments de chaque touche, ceci afin de prévenir une déformation intempestive ultérieure.

Placer les cabochons dans le tableau
Dupliquer les deux touches. Placer les copies à la fin de la première ligne, dans la troisième colonne.
Redimensionner les cabochons à environ 75 % de la hauteur de ligne.
Placer deux verticales auxiliaires à la position des cabochons.
Tracer des horizontales auxiliaires sous chaque ligne, ceci après avoir désactivé la *grille magnétique* ([Ctrl] [Y]).
Dupliquer les touches de la première ligne du tableau, placer la copie à sa place et modifier le descriptif.

4.4. Titre du tableau et motif d'arrière-plan

La prochaine étape consiste à créer le titre et le motif d'arrière-plan. Réactivez pour ce faire la grille magnétique, et zoomez la première ligne du tableau. Placez les lignes auxiliaires suivantes destinées au titre et au cadre du tableau :

◆ **horizontal :**

264	bord haut du tableau
255	ligne de base du texte du titre
251	ligne de séparation titre/texte
77	bord bas du tableau

◆ **vertical :**

37	bord gauche du tableau
145	ligne de séparation des colonnes
182	bord droit du tableau

Texte du titre

Placez les deux éléments "Commande" et "Hotkey" sur la ligne auxiliaire à 255 mm. La police sera Switzerland (gras), le corps 22 pt et l'alignement "gauche". Donnez au texte une couleur de remplissage blanche, sans ligne de contour.

Dessinez un rectangle pour le fond du titre depuis les points d'intersection 37,265 jusqu'à 182,251 mm. Ne lui donnez aucun contour et un remplissage noir à 60%. Placez-le derrière le texte du titre grâce à *Disposer/Arrière-plan*.

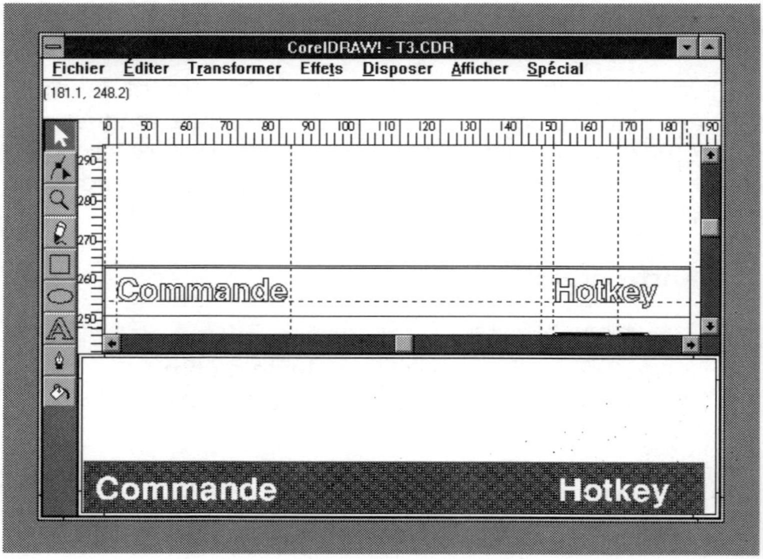

Titre du tableau avec motif de fond et lignes auxiliaires

Remplissage de fond

Dessinez maintenant le rectangle pour le motif d'arrière-plan des deux premières colonnes. Zoomez le tableau entier, et tracez un rectangle depuis le coin inférieur gauche du fond du titre jusqu'à l'intersection des lignes auxiliaires à la position 145,77 mm. Vous lui donnerez un remplissage noir à 20%, désactiverez son contour et le placerez à l'arrière-plan.

Pour tracer une ligne très fine tout autour du tableau, vous utiliserez également un cadre qui, cette fois ci, gardera son contour. Vous ne devez pas le mettre à l'arrière-plan : les deux remplissages, autrement, occulteraient son contour. Laissez-le tout simplement au premier plan : d'après les paramètres par défaut, il n'a pas de remplissage et il est de ce fait transparent.

Pour le cas où votre tableau n'aurait pas respecté les indications de positionnement ou bien serait pourvu d'un autre format :

- placez les lignes auxiliaires conformément à la structure du tableau donnée au début du chapitre.
- positionnez ces lignes de sorte qu'elles matérialisent les limites du remplissage et du cadre extérieur. Ceci marche d'autant mieux que le tableau complet est visible, c'est à dire sans zoom.
- procédez ensuite comme indiqué plus haut.

Titre du tableau et motif d'arrière-plan
Placer des lignes auxiliaires pour le cadre du tableau et pour le texte du titre.
Insérer les éléments-texte dans le titre.
Dessiner un rectangle pour le remplissage du titre, avec un remplissage noir à 60% et sans contour. Placer ce rectangle à l'arrière-plan.
Dessiner un rectangle pour le remplissage des deux premières colonnes, avec un remplissage noir à 20% et sans contour. Placer ce rectangle à l'arrière-plan.
Dessiner un rectangle pour le cadre du tableau, avec une épaisseur de 0.1 comme contour et sans remplissage.

5. Traitement des graphiques bitmap

Avec CorelDRAW, vous avez toutes les possibilités d'illustration professionnelle - même avec des graphiques importés.

L'illustration

Fichier TIF importé

La figure suivante se compose de 41 copies d'un graphique bitmap TIF noir et blanc, scanné à partir d'une bande dessinée, puis importé. Le premier bitmap, le plus bas, a reçu une valeur de 20 % pour le motif (dans la couleur du contour, ce qui se répercute sur le "contenu" du cadre du bitmap). Ensuite, à l'aide de lignes auxiliaires, l'image a été morcelée en carrés. Enfin, la fonction Afficher/Repères de lignes a été activée.

Couper les bitmaps

Le bitmap a été dupliqué sur place (avec le [+] du pavé numérique), et rogné à l'aide de l'outil-chemin. En fait, si on active l'outil-chemin tandis qu'un bitmap est sélectionné, on peut le redimensionner et l'étendre comme avec l'outil-flèche. Une différence de taille toutefois : la dimension de l'image ne change pas, ce sont les bords qui sont coupés. Enfin, le bitmap, une fois "émondé", a été colorié différemment et quelque peu déplacé.

Ce processus fut réitéré 39 fois et le graphique complet réexporté au format EPS - pour les besoins de ce livre.

Quand vous travaillez sur des graphiques bitmap, tenez compte du fait que CorelDRAW crée de gros fichiers. Le fichier EPS correspondant à l'illustration qui suit faisait environ six méga-octets.

Un graphique bitmap retravaillé

Travail sur une image bitmap

5.1. Exemple d'utilisation

Les manuels qui accompagnent les logiciels sont pourvus, c'est le cas dans cet ouvrage, d'images de copies d'écran. Normalement, cette méthode est "rigide" : une copie d'écran est produite, insérée dans le manuel, puis éventuellement redimensionnée ou coupée. Mais comment faire pour mettre en relief des éléments distincts de l'image bitmap ? Ou pour placer un commentaire avec une flèche pointant sur les éléments importants ? Insérer des lignes ou des flèches dans l'original via un logiciel bitmap n'est pas de tout repos : en effet, les objets insérés sont intrinsèquement bitmap.

Dans l'exemple suivant vont être décrites les informations retournées par la commande DIR du DOS. Il est très simple de passer par une copie d'écran : cela évite pas mal de laïus.

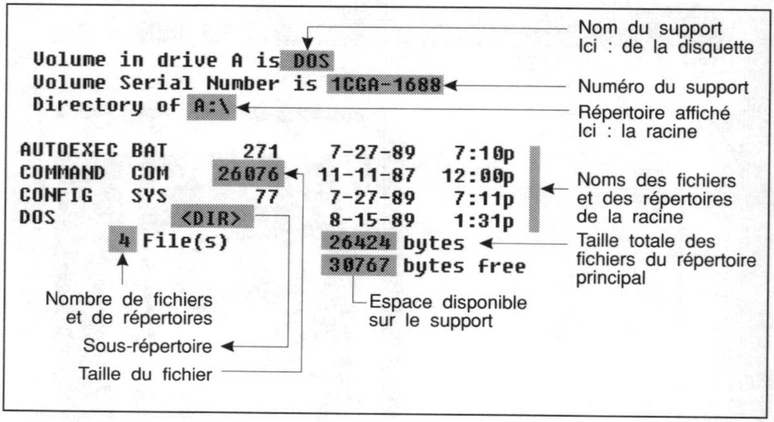

Une copie d'écran se suffit à elle-même

Le graphique bitmap est un texte produit par le bloc-notes de Windows. Une copie d'écran en est faite, laquelle est importée dans CorelDRAW via le presse-papier. Après quoi, les éléments-texte sont créés et placés à côté/sous l'image. Enfin, des surfaces et des flèches mettent en évidence les points concernés.

5.2. Création d'un graphique bitmap de texte

Création du texte avec le bloc-notes

Commencez par démarrer le bloc-notes de Windows, et tapez les lignes qui apparaissent sur l'écran à l'appel de la commande DIR du DOS. Faites attention à ce que le texte soit libre : le curseur ne doit pas être au milieu d'une ligne, ni la marque de fin de document sur la dernière ligne (figure suivante).

Production d'une copie d'écran

Appuyez alors sur [ALT] [ImprEcr] : Windows copie alors la fenêtre active, celle du bloc-notes, dans le presse-papiers. Basculez ensuite vers CorelDRAW et activez *Editer/Insérer* : le graphique est alors importé depuis le presse-papiers. Vous pourrez donc le travailler. Il n'est pas "transparent" : vous allez sûrement vouloir y mettre quelques surfaces à l'arrière-plan.

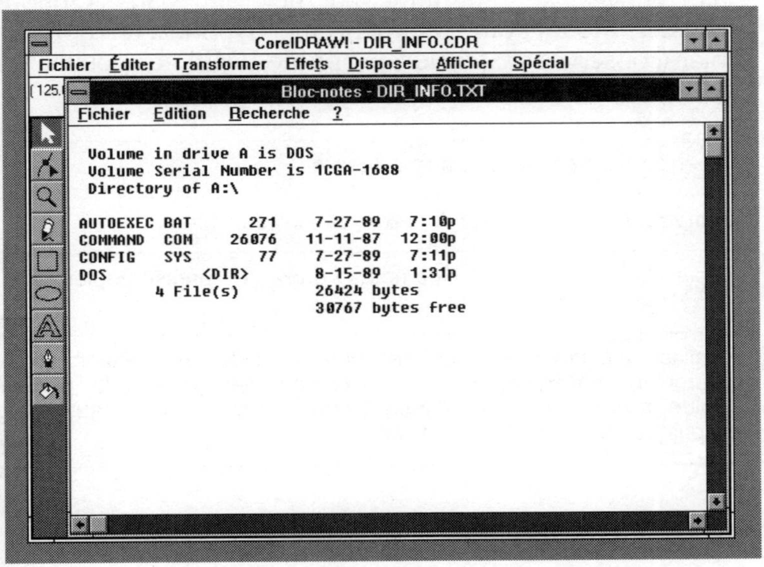

Production d'une copie d'écran

Graphique bitmap transparent

Ceci va nécessiter un détour par Paintbrush. Démarrez donc ce programme, et choisissez la commande Edition/Coller ([Maj] [Inser]). Ensuite, cliquez sur la deuxième icône-ciseaux pour sélectionner l'image insérée.

Coupez l'image avec Edition/Couper puis faites Fichier/Nouveau et Edition/Coller.

Si l'image à insérer déborde de la fenêtre Paintbrush, ses bords seront tout simplement coupés. Si tel était le cas, activez *Affichage/Zoom* Arrière. L'image est ainsi adaptée à l'écran.

Le graphique va maintenant être sauvegardé en tant qu'image bitmap monochrome. Prenez *Fichier/Enregistrer sous*, activez le répertoire ad hoc, et dans Options choisissez Mode point monochrome. Donnez un nom au fichier (conservez l'extension proposée BMP) et appuyez sur OK.

Création d'un graphique bitmap-texte
Démarrer le bloc-notes de Windows et saisir le texte.
Copier la fenêtre du bloc-notes dans le presse-papier via `ALT` `ImprEcr`.
Réaliser une image bitmap "transparente" : démarrer Paintbrush, insérer le presse-papiers avec *Edition/Coller*, couper la partie voulue, coller cette partie dans un nouveau fichier, puis sauver le graphique en tant que fichier BMP.

5.3. Importation

Vous allez ensuite importer cette image bitmap dans CorelDRAW. Choisissez la commande *Fichier/Importer*. Sélectionnez "Windows 3.0 bitmaps", puis faites OK. Surgit une fenêtre de sélection de fichier, dans laquelle vous choisirez le graphique sauvé sous Paintbrush.

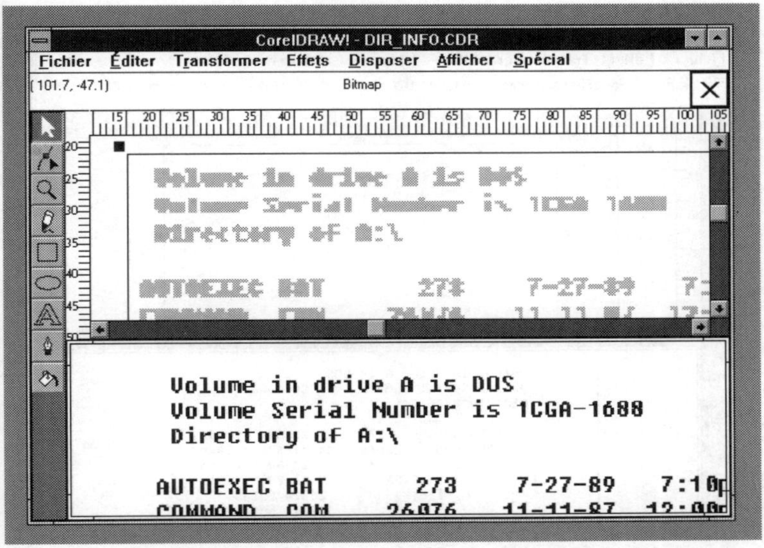

Un fichier bitmap importé

Afficher le bitmap

Si vous avez activé la fonction *Afficher/Afficher les images bitmaps*, au milieu de la feuille de travail s'affiche une ébauche grise et fort vilaine de la copie d'écran. Pas d'affolement : le zoom suivi de l'aperçu, ainsi que l'impression, donneront un résultat correct.

Couleur du bitmap

La couleur des pixels d'un bitmap est déterminée par le contour. Choisissez donc pour le trait de contour, pour autant que ce ne soit pas déjà activé, la couleur noire sans remplissage.

Couper le bitmap

Coupez maintenant l'image pour n'en garder que l'essentiel. Activez l'outil-chemin, et rétrécissez le cadre de l'image, jusqu'à ce qu'elle ne contienne que le texte souhaité. Ce faisant, la taille du texte demeure inchangée.

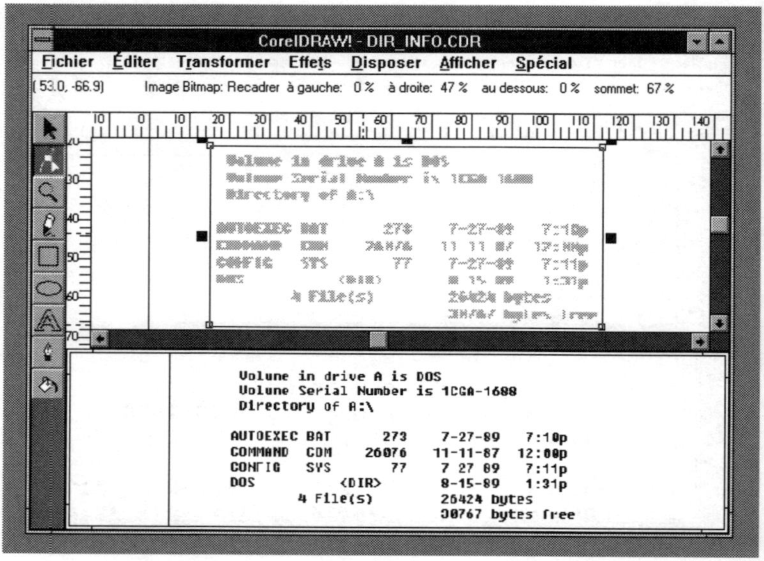

Couper le graphique bitmap

Déterminer la dimension

La prochaine étape consiste à dimensionner le bitmap coupé. Au-dessus et au-dessous doit figurer un texte. Le tout doit s'adapter de manière proportionnelle à une largeur prédéfinie, la largeur de la surface de travail, pour laquelle le graphique sera exporté plus tard. Si la place du graphique est mal calculée, il ne reste pas assez de place pour le texte, qui risquerait alors d'être illisible. Le graphique ne doit pas non plus être trop petit : certes, il faut que le texte soit lisible ; mais il faut aussi pouvoir distinguer les détails de l'image.

Le plus simple est de dessiner le cadre de l'illustration à la dimension exacte de l'espace de travail disponible. Vous pouvez alors vous déplacer et tester de manière interactive si le corps des caractères assure une bonne lisibilité et une proportion harmonieuse entre le texte et l'image.

Dans cet exemple, l'illustration a une largeur de 9,2 cm. Peu importe la hauteur : elle sera simplement adaptée, une fois le dessin terminé. Tracez donc un rectangle de 9,2 cm de large, et d'environ 6 cm de haut.

Dimension maximale

Pour pouvoir cependant travailler avec une précision optimale, agrandissez le cadre de 200 % (c'est chose simple que de convertir les mesures). Utilisez la commande *Transformer/Etirement et effet miroir*. Vous pouvez ici, lorsque la souris ne permet pas un changement d'échelle assez précis, entrer des valeurs absolues. Entrez 200 % dans les deux rubriques *Etirement Horizontal* et *Etirement Vertical*. Cliquez sur OK.

Placez le cadre au milieu de la page, et mettez le graphique bitmap dans le cadre. Commencez par l'agrandir de manière à l'adapter à peu près au cadre.

Importation d'un graphique bitmap
Activer la commande *Fichier/Importer.* Prendre l'option "Windows 3.0 bitmaps". Choisir le graphique à importer.
Déterminer la couleur des pixels, en fixant la couleur du contour.
Couper l'image bitmap en déplaçant les poignées avec l'outil-chemin.

5.4 Création d'objets texte

Créer des objets-texte

Au tour des textes commentant le graphique. Ils sont préécrits, et ne peuvent donc pas être modifiés. Ils seront créés un à un, bloc après bloc. Prenez la police Switzerland (Normal) dans le corps 12 pt (ce qui donnera 6 pt dans le résultat final). Créez les neuf objets-texte qui suivent :

1 Nom du support
ici : de la disquette
2 Numéro du support
3 Répertoire affiché
ici : la racine
4 Noms des fichiers et des répertoires
de la racine
5 Taille total des fichiers
du répertoire principal
6 Espace disponible
sur le support
7 Nombre de fichiers et de répertoires
8 Sous-répertoire
9 Taille du fichier

Cadrage gauche/ droite

Alignez à gauche les éléments 1 à 6, à droite les éléments 7 à 9. Placez-les tous à leur position approximative (cf l'image terminée). Référez-vous au modèle achevé. Une taille de police inférieure à six points est, par expérience, reconnue comme n'étant pas très acceptable.

5.5 Alignement d'objets texte

Approchez les objets de droite aussi près que possible du bord droit. Plus tard vous modifierez l'échelle. Conservez une distance au bord de deux millimètres. Placez une verticale auxiliaire devant le plus long des éléments-texte et alignez les autres dessus (activez les repères de lignes).

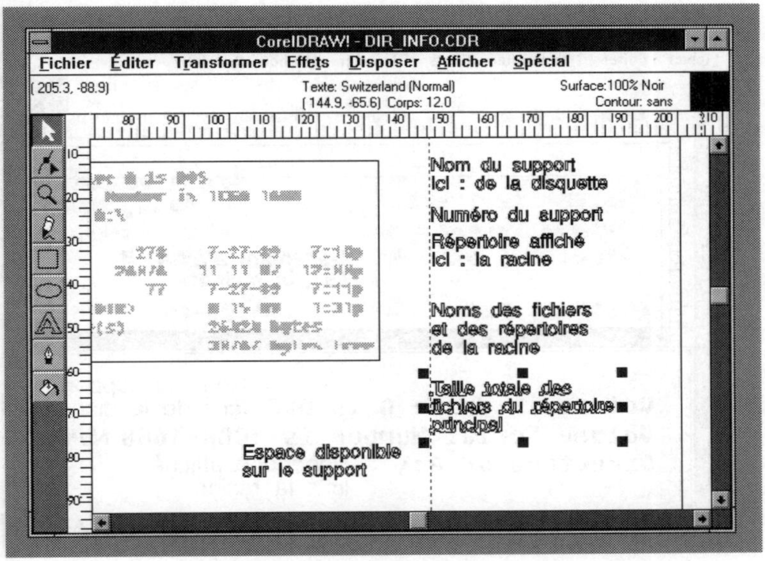

Les éléments-texte insérés

Mettez maintenant le graphique à une échelle telle qu'il reste un intervalle d'environ trois millimètres entre le graphique et la verticale auxilaire.

Alignement sur le graphique

Alignez ensuite les éléments-texte sur la hauteur des lignes de l'image bitmap. Pour cela, placez chaque élément-texte directement après la ligne concernée. Passez en mode aperçu, et zoomez afin de pouvoir déterminer la position très précisément. Lorsque les éléments-texte auront leur positionnement horizontal (désactiver éventuellement la fonction Grille automatique), repoussez-les à nouveau vers la verticale auxiliaire. Si vous maintenez enfoncée la touche `Ctrl` durant le déplacement, les objets ne se laissent bouger qu' horizontalement et verticalement. De cette façon, leur position ne change pas.

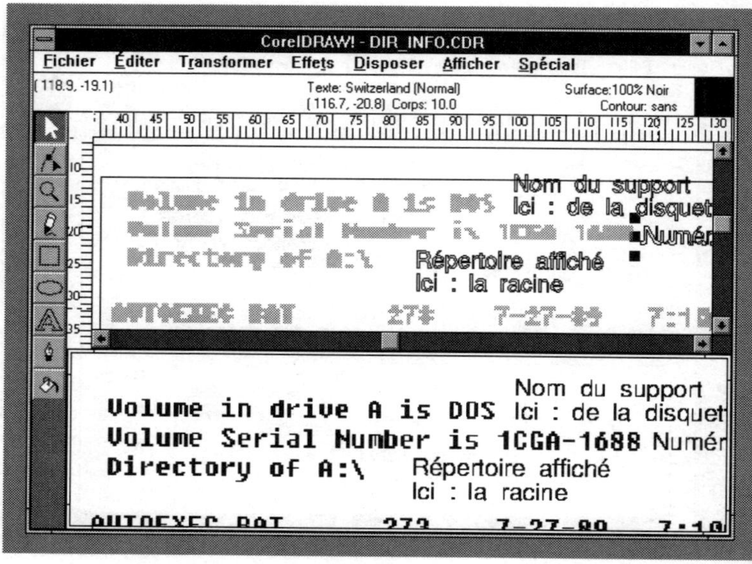

Alignement précis d'un texte sur une image bitmap (1)

Vous êtes contraint de placer l'élément du dessus un peu plus haut. Il vous suffit d'adapter le cadre en l'agrandissant vers le haut.

Alignez ensuite les éléments-texte au-dessous du graphique bitmap. Imaginez une verticale au début du texte dans l'image bitmap !

C'est ici que se trouve le plus long des trois éléments alignés à droite. Placez une ligne auxiliaire sur le bord droit de l'élément, et alignez les autres dessus. La distance du premier élément-texte au graphique bitmap devrait être d'environ trois millimètres, celle entre les éléments d'environ deux millimètres.

Continuez en plaçant une ligne auxiliaire sous la première ligne du premier élément-texte, afin de placer l'élément "Espace disponible sur le support" à la même hauteur.

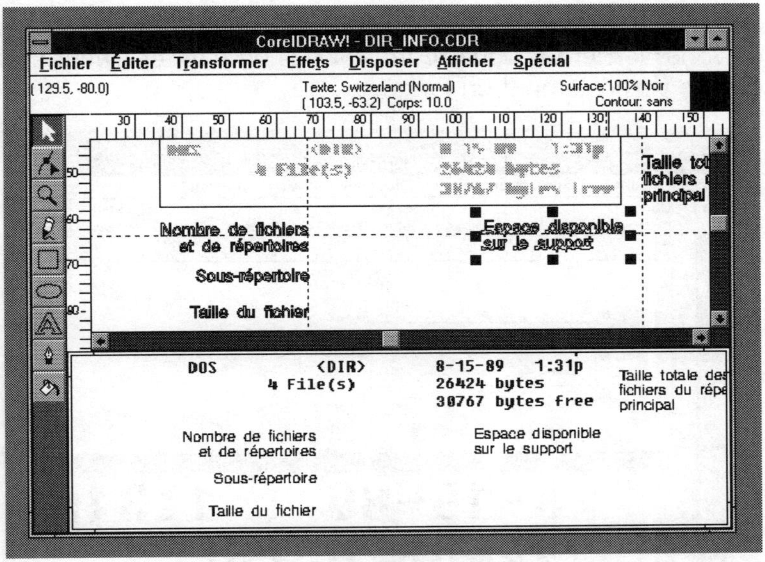

Alignement précis d'un texte sur une image bitmap (2)

5.6. Trame sous un graphique bitmap

Il faudrait maintenant donner un fond aux portions du graphique bitmap auxquelles se réfèrent les textes de commentaire. C'est possible, puisque le bitmap est "transparent" : il n'a pas de couleur blanche et ne peut donc recouvrir ce qui est derrière.

Rectangle...

Placez un petit rectangle sans contour, rempli de noir à 30%, en arrière-plan, dans le bitmap sur le nombre de la ligne "4 File(s) 26424 bytes". Zoomez le nombre, et déformez le rectangle (sans la grille) jusqu'à ce qu'il soit exactement derrière le nombre. Pour cela, utilisez l'aperçu.

...Dupliqué

Dupliquez maintenant le fond et, en gardant l'aperçu, placez-le sous tous les mots ou nombres à mettre en évidence dans le graphique bitmap. Vous n'avez qu'à adapter la largeur du fond. Enfin, placez un des rectangles de fond derrière les quatre indications de date et d'heure, et tirez-le verticalement en longueur.

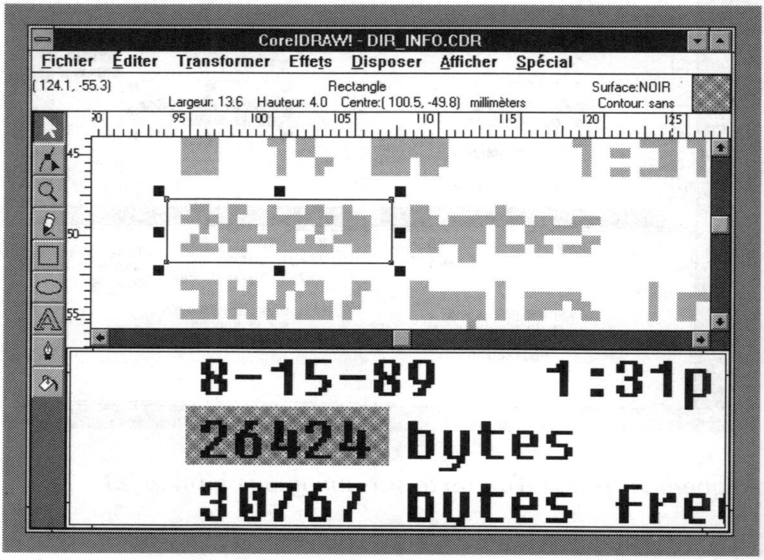

Mise en évidence dans un graphique bitmap "transparent"

5.7. Lignes fléchées

Il faut activer la grille

Réactivez la fonction grille : vous allez en effet dessiner des lignes horizontales et verticales. Prenez le crayon, et zoomez les deux premières lignes du graphique bitmap avec les objets-texte correspondants. Commencez par tracer une ligne horizontale depuis l'élément-texte "Numéro de support" vers sa partie correspondante ("1CGA-1688") dans le graphique bitmap. L'important est de tracer une horizontale : la position exacte sera peaufinée ultérieurement.

Attribuer les pointes de flèche

Vous allez maintenant affecter une pointe de flèche à son extrémité gauche. La ligne étant sélectionnée, activez l'outil-contour, puis l'icône-contour. S'ouvre alors la boîte de dialogue Outil-Contours.

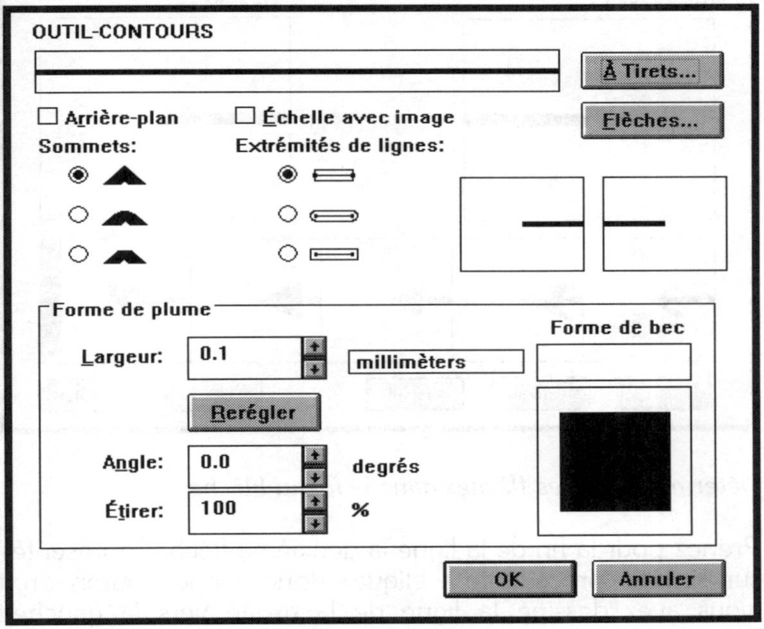

Le menu Outil-Contours

Ici, vous définissez par avance les caractéristiques des lignes d'un objet : l'épaisseur, le type de ligne, les fins et coins de ligne, ainsi que la forme de la pointe. Cliquez sur le bouton Flèches : une autre boîte de dialogue apparaît. Vous y attribuerez de manière très simple les flèches les plus diverses aux extrémités des lignes.

Si vous manipulez l'ascenseur de la colonne de sélection, vous constaterez l'abondance des possibilités. Lorsque vous avez trouvé la flèche de vos rêves, cliquez sur le bouton gauche de la souris pour l'affecter au début de la ligne. Pour l'affecter à la fin de la ligne, cliquez sur le bouton droit.

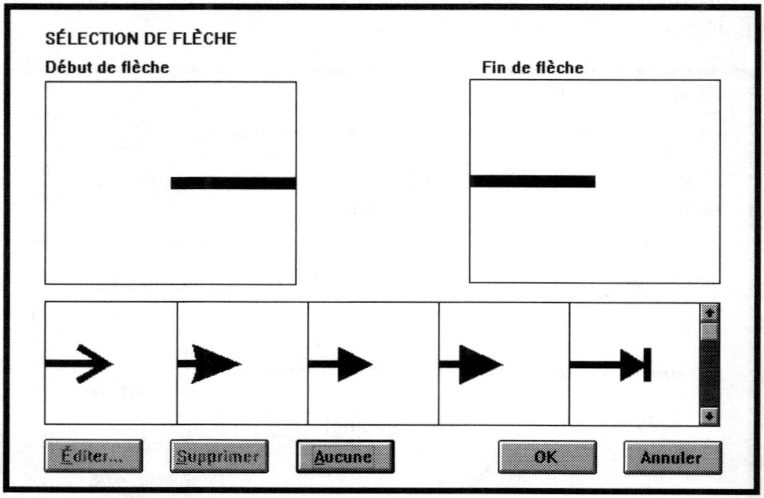

Détermination des flèches dans le menu Flèche

Bouton gauche ou droit ?

Prenez pour la fin de la ligne la deuxième flèche représentée sur l'image précédente : cliquez donc sur le bouton droit (vous avez dessiné la ligne de la droite vers la gauche). Terminez par OK, puis OK à nouveau dans la boîte de dialogue Outil-Contours. L'aperçu vous montrera que la pointe se trouve où il faut et qu'elle a la taille adéquate.

Autres lignes

Tracez ensuite une nouvelle horizontale depuis l'élément-texte "Nom de support..." jusqu'au-dessus du milieu du motif placé derrière "DOS". Au lieu de terminer la ligne par un simple clic, faites un double clic : vous marquez ainsi la position de départ de la courte ligne verticale. Lorsque la seconde ligne est finie, vous avez alors une seule ligne avec un noeud de coin. Là aussi, l'important est d'avoir une horizontale et une verticale. La position exacte sera fixée un peu plus tard. Utilisez maintenant la commande

"*Editer/Copier le style de...*, ceci afin d'attribuer la flèche à cette ligne.

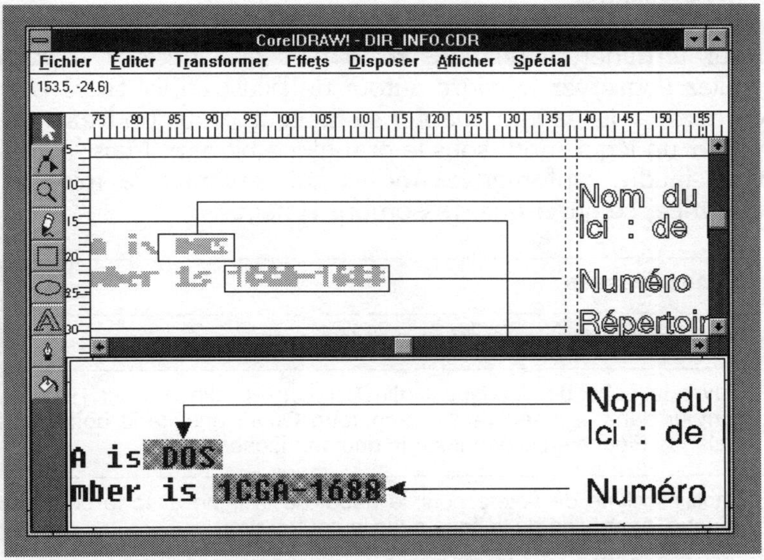

Lignes fléchées

Il ne vous reste plus qu'à construire les autres lignes. Pensez au double-clic qui permet de faire tourner une ligne. Zoomez le volet d'écran au maximum des possibilités.

Position de la ligne

Une fois les lignes dessinées, vous allez désactiver la grille automatique et reprendre l'outil-chemin afin de les placer à leur position exacte.

Supposez, par exemple, que vous souhaitiez abaisser légèrement une ligne horizontale faisant partie d'une ligne brisée. Sélectionnez les deux noeuds (avec `Maj`), attrapez-en un avec l'outil-chemin et déplacez-le, tout en appuyant sur la touche `Ctrl`. Cette méthode empêche les déplacements d'objets (et de noeuds) autres qu'horizontaux ou verticaux. Placez les lignes le plus possible au milieu des lignes de texte, et faites commencer à la même position les lignes des éléments-texte de droite. S'il le faut, placez une ligne auxiliaire.

Pour terminer, il ne vous reste plus qu'à décider si vous voulez conserver le cadre autour de l'illustration. Si vous le gardez, il vous faudra adapter sa hauteur. Vous pouvez aussi placer un léger motif sous le graphique bitmap. Mais alors il vous faudra renforcer les motifs qui servent à la mise en évidence, ce qui risque d'assombrir l'image.

Lignes fléchées
Dessiner les lignes souhaitées avec le crayon.
Ouvrir la boîte de dialogue Outil-Contours en cliquant sur l'icône contour dans le menu de l'outil-contour. Ouvrir ensuite la boîte de dialogue Flèche en cliquant sur le bouton Flèches.
Choisir le type de flèche pour le début de la ligne avec le bouton gauche, pour la fin de la ligne avec le bouton droit.
Peaufiner les longueurs et positions des lignes avec l'outil-chemin.

6. Spécial : Arrière-plan personnalisé

Vous allez conclure par un effet particulier : sous Windows, il vous est possible de dessiner avec Paintbrush un fond d'écran personnalisé. En général, il s'agit de figurines échiquéennes qui planent, de serpentins, etc.

Votre dessin préféré comme fond d'écran

Vous avez déjà certainement dessiné avec Paintbrush une image bien à vous, que vous avez ensuite utilisée comme arrière-plan d'écran. CorelDRAW vous offre une possibilité supplémentaire pour embellir l'interface Windows. Vous chargez votre image favorite, vous copiez l'affichage plein-écran dans le presse-papiers, et vous sauvez le tout dans Paintbrush sous la forme d'un fichier BMP. Procédez comme suit :

Chargez votre dessin personnel le plus beau, ou bien votre image favorite parmi les fichiers exemple. Zoomez au maximum, mais en faisant en sorte qu'en commutant avec `F9` en affichage plein écran l'image s'affiche dans sa totalité. Utilisez s'il le faut les ascenseurs de l'écran de travail pour placer le graphique où il faut. Lorsqu'il est bien positionné, appuyez sur `ImprEcr` afin de copier l'écran dans le presse-papiers.

Ecran complet dans Paintbrush

Basculez vers le gestionnaire de programmes, depuis lequel vous allez lancer Paintbrush. Là, dans le menu *Affichage* prenez l'entrée *Zoom Arrière* : ainsi toute la surface de travail est affichée sur l'écran (fenêtre en plein écran). Choisissez alors la commande *Edition/Coller* (`Maj` `Inser`), afin de recopier le contenu du presse-papiers sur la feuille de travail de Paintbrush. L'image apparaît sous la forme d'une grille, que vous figez en cliquant sur l'outil de découpage. Reprenez *Edition/Plein écran*, et sauvez, comme d'habitude, l'image sous un nom spécifique. Faites attention à garder l'extension BMP et à sauvegarder dans le répertoire Windows.

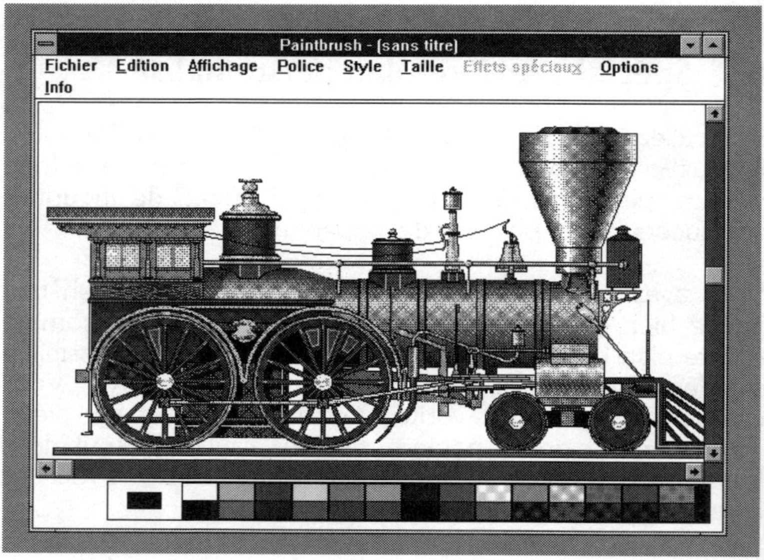

Reprise dans Paintbrush d'un écran complet copié dans le presse-papiers

Déclaration du graphique de fond

Reste à déclarer que cette image doit servir de motif pour le fond de l'écran Windows. Pour cela, quittez Paintbrush et démarrez, depuis le gestionnaire de programmes, le Panneau de Configuration, lequel est situé dans le groupe principal. Dans la fenêtre qui s'ouvre alors, cliquez deux fois sur l'icône Bureau. Dans la rubrique "Papier peint", vous choisissez alors votre propre fichier BMP.

A titre d'exemple, voici ce que donne le fond d'écran précédent. Afin d'embellir au maximum l'écran de démarrage de Windows, lancez-le avec le gestionnaire de programmes sous forme d'icône et non sous forme de fenêtre.

Si cela vous paraît quelque peu tarabiscoté, voici une application plus terre-à-terre : pourquoi pas la liste des numéros de téléphone les plus importants de votre société ? Il suffit alors de cliquer sur la case de réduction à droite dans la barre de titre pour obtenir cette liste.

Nouveau fond d'écran

Fond d'écran personnalisé
Recharger ou dessiner l'image dont on veut faire un fond d'écran.
Zoomer, déplacer le volet d'écran et basculer en affichage plein écran (F9).
Copier l'écran dans le presse-papiers via ImprEcr.
Démarrer Paintbrush en fenêtre plein écran.
Rétrécir l'écran de travail par "Zoom Arrière". Insérer le presse-papiers avec *Edition/Coller.* Fixer l'image par un clic sur l'outil-ciseaux. Agrandir l'écran de travail par Affichage/Plein écran.
Sauver le graphique comme fichier BMP dans le répertoire Windows.
Définir le fond de l'écran : Panneau de Configuration/Bureau/Papier peint, et choisir le graphique.

7. Annexe

7.1. Le tableau des raccourcis-clavier

Revoici, à titre de rappel, le tableau (complet) des raccourcis-clavier dont la création a été exposée dans ce livre.

Commande	Hotkey	Commande	Hotkey
Fichier		Disposer	
Ouvrir...	Ctrl O	Premier plan	Shift PgUp
Sauvegarder	Ctrl S	Arrière-plan	Shift PgDn
Imprimer...	Ctrl P	Vers l'avant	PgUp
Quitter	Ctrl X	Vers l'arrière	PgDn
Éditer		Associer	Ctrl G
Défaire	Alt Back	Dissocier	Ctrl U
Refaire	Alt Return	Combiner	Ctrl C
Répéter	Ctrl R	Éclater	Ctrl K
Couper	Shift Del	Convertir en courbe	Ctrl V
Copier	Ctrl Ins	Aligner	Ctrl A
Insérer	Shift Ins	Accoler le texte	Ctrl F
Annuler	Del	Aligner sur la ligne de base	Ctrl Z
Dupliquer	Ctrl D	Afficher	
Éditer le texte...	Ctrl T	Grille magnétique	Ctrl Y
Transformer		Visuel	Shift F9
Déplacer...	Ctrl L	Visuel plein écran	F9
Rotation et inclinaison...	Ctrl N	Rafraîchir l'écran	Ctrl W
Étirement et effet miroir...	Ctrl Q	Spécial	
Effets		Préférences	Ctrl J
Dégradé de forme...	Ctrl B		
Relief...	Ctrl E		

Le tableau complet des raccourcis-clavier

7.2. Récapitulation des polices livrées avec le logiciel

CorelDRAW	Nom standard
Aardvark Bold	Aachen Bold
Arabia	Arnold Böcklin
Avalon	Avant Garde
Bahamas	Bauhaus
Banff	Brush Script
Bangkok	Benguiat
Bodnoff	Bodoni Poster
Brooklyn	Bookman
Casablanca	Caslon
Casper OpenFace	Caslon OpenFace
Centurion Old	Century Old Style
Cottage	Cottonwood
Cupertino	Cooper Black
Dawn Castle	Dom Casual
Dixieland	Zapf Dingbats
Erie	Eras
France	Friz Quadrata
Frankenstein	Fette Fraktur
Frankfurt Gothic	Franklin Gothic
Freeport	Freestyle Script
Fujiyama	Futura
Fujiyama 2	Futura 2
Gatineau	Garamond
Geographic Symbols	Carta
Greek/Math Symbols	Symbol
Homeward Bound	Hobo
Ireland	Ironwood
Jupiter	Juniper
Koala	Kaufmann
Lincoln	Linotext
...	

CorelDRAW	Nom standard
...	
Linus	Linoscript
Memorandum	American Typewriter
Monospace	Letter Gothic
Motor	Machine
Musical	Sonata
Mystical	Mistral
Nebraska	New Baskerville
New Brunswick	New Century Schoolbook
Ottawa	Optima
Palm Springs	Palatino
Paradise	Park Avenue
Paragon	Parisian
Penguin	Peignot
Posse	Ponderosa
President	Present Script
Prose Antique	Post Antiqua
Renfrew	Revue
Southern	Souvenir
Stamp	Stencil
Switzerland	Helvetica
Technical	Tekton
Timpani	Tiffany
Toronto	Times
Umbrella	Umbra
Unicorn	University Roman
USA	Univers
Vogue	VAG Rounded
Zurich Calligraphic	Zapf Chancery

7.3. Formats d'import/export

Import

.CDR	CorelDRAW	Dessins produits par CorelDRAW
.PCX	Image bitmap	PC Paintbrush et autres logiciels bitmap
.TIF	Tagged Image File	Scannerisation et dessin bitmap
.BMP	Windows 3.0 bitmap	
.EPS	CorelTrace	CorelTrace
.AI,.EPS	Adobe Illustrator	
.GEM	GEM Metafile	GEM Draw, GEM Artline, Ventura Publisher
.CGM	Computer Graphics Metafile	Pagemaker, Harvard Graphics, Ventura Publisher, Freelance
.PCT	Fichier PICT Macintosh	MacDraw II, MacWrite II, PageMaker et autres logiciels Mac
.PLT	HP Graphics Language	Pagemaker,Ventura Publisher MS Word, WordPerfect
.DXF	Data Exchange Format	AutoCAD et logiciels compatibles
.PIC	MGX_PICT	Windows Draw, In*a*Vision, Pagemaker (PC), Lotus PIC
.PIF	IBM PIF (GDF)	

Export

.AI	Illustrator	
.CDR	CorelDRAW	CorelDRAW
.CDR	CorelDRAW 1.xx	CorelDRAW (versions anciennes)
.CGM	Computer Graphics Metafile	Pagemaker, Harvard Graphics, Ventura Publisher, Freelance
.DXF	Data Exchange (outlines seuls)	AutoCAD et logiciels compatibles
.EPS	Encapsulated PostScript	Tous logiciels avec sorties PostScript
.PCT	Fichier PICT Macintosh	MacDraw II, MacWrite II, PageMaker et autres logiciels Mac
.PCX	Image bitmap	PC Paintbrush et autres logiciels bitmap
.PIC	Video Show, logiciels de dessin bitmap	
.PIF	IBM PIF (GDF)	
.PLT	HP Graphics Language (outlines seuls)	Pagemaker, Ventura Publisher MS Word, WordPerfect
.SCD	SCODL	
.TIF	Tagged Image File	Scannerisation et dessin bitmap
.WFN	Corel Symbol & Typeface	
.WMF	Windows Metafile	Pagemaker, Ventura Publisher, autres logiciels Windows
.WPG	WordPerfect Graphic	Wordperfect

8. Index

A

B

C

D

E

F

G

I

L

M

O

P

R

S

T

U

V

W

Z

Achevé d'imprimer
sur les presses de l'imprimerie IBP
à Rungis (Val-de-Marne 94) (1) 46.86.73.54
Dépôt légal - Juillet 1991
N° d'impression: 5564